生活因阅读而精彩

生活因阅读而精彩

心境

如何决定处境

当世界无法改变时改变自己

骆川／著

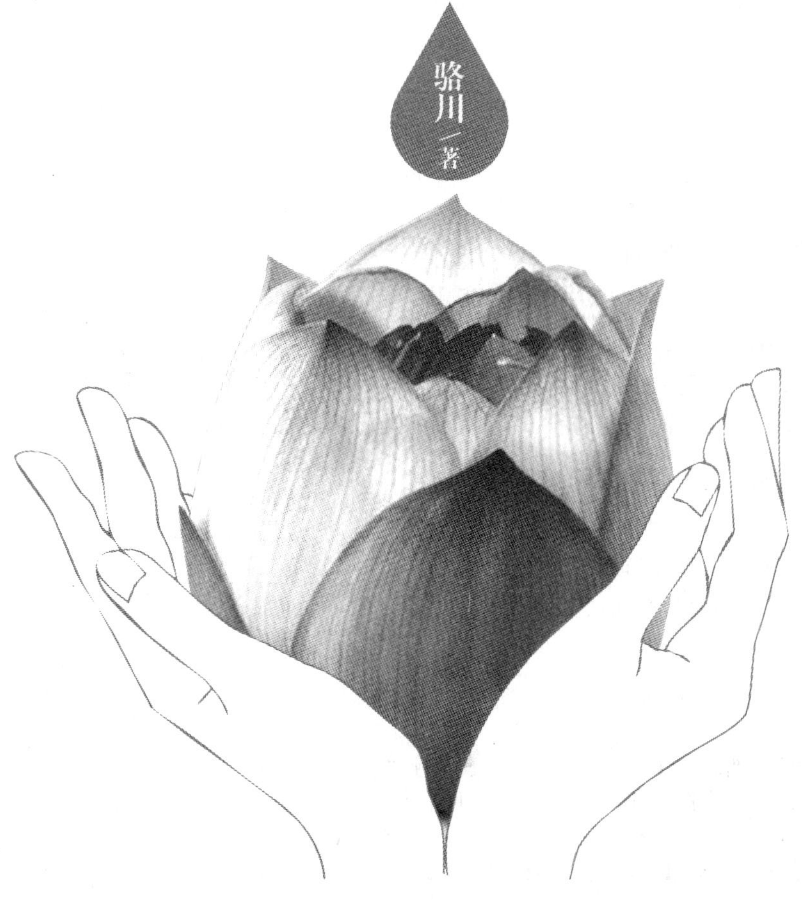

时事出版社

图书在版编目(CIP)数据

当世界无法改变时改变自己：心境如何决定处境 / 骆川著.—北京：时事出版社，2013.9

ISBN 978-7-80232-638-5

Ⅰ.①当… Ⅱ.①骆… Ⅲ.①人生哲学-通俗读物 Ⅳ.①B821-49

中国版本图书馆 CIP 数据核字(2013)第190508号

出版发行：时事出版社

地　　址：北京市海淀区巨山村 375 号

邮　　编：100093

发行热线：(010)82546061　82546062

读者服务部：(010)61157595

传　　真：(010)82546050

电子邮箱：shishichubanshe@sina.com

网　　址：www.shishishe.com

印　　刷：固安保利达印务有限公司

开本：787×1092　1/16　印张：16.5　字数：212 千字

2013 年 9 月第 1 版　2013 年 9 月第 1 次印刷

定价：29.80 元

(如有印装质量问题，请与本社发行部联系调换)

前言

不能改变世界就改变自己

人的一生中，难免会遇到各种各样的问题，比如人际关系、感情方面、工作生活等等，以及各种接踵而至的压力和麻烦也容易让人窒息，甚至厌倦。当人生处于困境时，有的人退缩逃避、畏首畏尾；有的人积极面对、自我鼓励。不同的态度必定会有不同的结果。当逆境来临时，要试着改变心境，历经痛苦，承受磨难。心境变了，处境也就跟着变了。

心境，是我们的心理环境，它决定我们的心情，决定我们的态度，决定我们的人生；处境，是与我们密切相关的周边的环境。心境决定处境。人生遭遇不顺时，要想改变自身当下的处境，唯有改变自己的内心：再烦，也别忘记微笑；再急，也要注意语气；再苦，也要懂得坚持；成功时，不要忘记经历的困苦；失败时，不要忘记还有未来……唯有拥有禅心入怀，持一份淡然、淡泊、淡定的心境，笑赏夏花冬雪，闲看云卷云舒，这样你才能过得更好。

人生本无常，心境亦简单。幸福与不幸，没有一个恒定的标准。如果你用积极乐观的心态面对生命中的无常，凡事皆能想开、放下，你就能因此而快乐幸福。否则，你就会抑郁、苦闷、迷茫、绝望。调整心境，抛却烦恼，寻求心灵的超脱与解放，上善若水，做一个至简至善之人。

心境决定生活的航向。人生旅途中，有艳阳高照，也有暴风骤雨，无论身边的处境如何变化，都要做到不计较、不纠结、不气馁、不贪婪、不忧虑、不困厄、不绝望……善于改变心境的人，即使于暴风雨中也能见到彩虹的美丽，即使在一败涂地中也能看到希望的阳光。心境变了，处境也就变了。心花开放，就会雨过天晴，阴霾散去。

世界无法改变，我们只能改变自己。既然有的事情已成定局，不妨坦然接受，从改变自己开始。所谓风景不转心境转。转念之间，天堂可以变成地狱，地狱可以变成天堂。如果你一直在努力地改变自己，世界也会因你的改变而变得美丽。

世界上唯一不变的就是变化，但纵使世界怎么改变，我们都要积极面对，坦然接受，不因外境而心生烦念，陷入迷思，而要强大自己的内心，修心养性，为人处世达到“境由心生，境随心转”的境界。

目录

CONTENTS

上篇
一切风景皆心情

心境决定风景。内心简单，你的世界就简单；
内心柔和，你的世界就欢乐；
内心美丽，你的世界就精彩。
当人生的列车驶过，你经历的沿途风景，往往取决于你的心境。

第一辑 上善若水，你的世界充满柔和

“上善若水，水善利万物而不争”，“夫唯不争，故无忧”。人的善行当如水的品性一样，从善如流，秉承柔弱，不争名利，厚德载物。一心向善，不论世事是善是恶，你都内心清净柔和，恬静使然。

第二辑 顺其自然，你的世界充满快乐

人生如梦，岁月无情，活着是一种心境。若凡事都追求尽善尽美，终成一种负累，若能顺其自然，你的生活就会充满阳光和欢乐，人生就会幸福，生命就会精彩。人生何必苦苦苛求？追求该追求的，失去的当学会忘记，由此才不会心累。

第三辑 刚柔并济，你的世界充满谦和

“天下柔弱莫过于水，而攻坚强者莫之能胜。”水能滋润万物，亦可无坚不摧。人生在世，待人接物，不可处处炫耀、目中无人，而应审时度势，刚柔并用，这样才能拥有超凡脱俗的气质和势不可挡的力量。

第四辑 淡欲知足，你的世界充满简单

“祸莫大于不知足。”欲望无止境，知足常乐。红尘纷扰，面对繁华诱惑，拥有一份祥和，拥有一份淡定，才能从容平静地来过。当你能驱除贪念，满足所拥有的一切，就能幸福快乐，享受至简至淡的美好。

下篇
心如莲花，自然一路芬芳

不同的心态，决定不同的人生。
要改变现状，就要改变自己的心态，
不管晴天雨天，都用一颗阳光般的心态去接受每一天，
不计较，不纠结，不忧虑……心态变了，你的人生就变了。
心里充满阳光，每一天都是晴天。

第三辑 ❤ 不气馁：笑对人生，从头再来

人在征途，不会永远一帆风顺。不管昨日成功还是失败，都要有一种“静看花枯荣，淡视云卷舒”的心境。不管前方是坦途还是坎坷，艳阳还是阴霾，都能淡然豁达的面对。当你看透成败输赢，就会不沉溺、不执著、不妄念，成败都心安。

第四辑 ❤ 不贪婪：适时放弃，收获美丽

欲望永无止境。人生好像一条河，有源头，也有终点。人生少了一些欲望，就多了一份宁静和平淡；少了一份贪念，就多了一份朴实和快乐。独守这份平淡，幸福和快乐就会与你常相伴。

第五辑 不忧虑：内心清凉，心花自开

在浮躁的世界中，生活难免受到抑郁、烦躁、忧虑的侵袭。假如生活欺骗了你，不要忧虑，不要叹息，努力拭去心灵的尘土，不闪不避，不贪不痴，不怨不怒，内心就能充满平静喜乐和安然。

第六辑 不空虚：相守寂寞，静待梅香

孤独是一种存在，也是一种自在。品味孤独，承受寂寞，在宁静中与心灵相遇，在独处中让灵魂净洁。若能安享寂寞的美丽，空虚也将变得真实。当寂寞来临，与其相拥吧，因为在寂寞深处，你能见到最美丽的花开。

第七辑 ❤ 不困厄：于困苦中，别有洞天

世上没有永恒的侥幸，也没有永恒的不幸，面对生活的艰辛困苦，在内心注一汪清泉，幸福快乐时多一些缅怀，窘迫失意时多一些憧憬，心灵便如春雨洗涤后一般湿润。面对不幸与困苦，不要挂怀，而要懂得遗忘。

第八辑 ❤ 不绝望：淡定取舍，静心抉择

人生就是取舍，有所放弃才有所收获，又于一舍一得间，有了新的命运轨迹。当你身处囹圄无法解脱时，试着改变自己，只有舍得改变，才能开辟人生的新天地，兴许，转机就在下一个路口等着你。

Shang Pian 上篇

一切风景皆心情

心境决定风景。内心简单，你的世界就简单；
内心柔和，你的世界就欢乐；
内心美丽，你的世界就精彩。
当人生的列车驶过，你经历的沿途风景，往往取决于你的心境。

第一辑
上善若水，你的世界充满柔和

“上善若水，水善利万物而不争”，“夫唯不争，故无忧”。人的善行当如水的品性一样，从善如流，秉承柔弱，不争名利，厚德载物。一心向善，不论世事是善是恶，你都内心清净柔和，恬静使然。

1.计较越少，幸福越多

计较就是负面的毒药。

世间的许多问题本身都是没有明确答案的，所以没必要凡事都争个明白。否则只会让自己的内心受累，甚至会为此付出巨大的代价。

在意大利卡塔尼山的叙拉古郊外有一块墓碑，墓碑上刻着一个这样的故事：

一个名叫托比的人从雅典去叙拉古游学，经过卡塔尼山时，发现了一只老虎。进城后，他对城里的人说：“卡塔尼山上有一只老虎。”但是，却没有人相信他，因为自古没有一个人在卡塔尼山上见过老虎。而托比则坚持说自己确实见到了老虎，并且是一只非常健壮的老虎。可是无论他怎么说，就是没人相信他。最后，托比只好说，那我带你们去看，如果见到了真正的老虎，你们就会相信的。托比当时为了证实自己，就带着城里的几个人上了山。

但是，托比带着几个人把整个山都转遍了，却连老虎的毛都没有发现。托比的内心异常焦虑，他非要把这件事情弄明白。但是又因为找不到老虎，所以，他到城里后逢人就说自己没有撒谎，说他确实在山上见到了老虎。城里的人不仅不相信他，而且还说他是个疯子。托比内心还是异常地难受，为了证实自己确实看到了老虎，就亲自去买了一支猎枪来到卡塔尼山。他非要找到那只老虎，还要把老虎打死，让全城的人都来看一下，证明他自己没有说谎。

三天后，人们在山中发现了一堆破碎的衣服。原来托比在山上寻虎的过程中，不小心被一只大熊给吃掉了。

托比只是为了向众人证实一个小小的是非，结果却将自己的性命丢掉了，是得不偿失的。假若他能够及时放弃，敞开心胸，可能就不会上演这出悲剧了。

人生本来就是真真假假，是是非非的。很多事情本身就是说不清道不明的。如果你非要去与别人争出个对错来，恐怕最终吃亏的必是你自己。在处理人际关系的过程中，也是如此。

平时我们在与周围的人或朋友相处的过程中，总会遇到双方意见不统一的情况。这时候，我们很容易就会因为坚持自己的观点而与对方发生争论。毫无疑问，争论对于认清事物的真相是至关重要的，但是凡事必须争个明白的做法是不可取的。可以试想一下：当你被别人误解，如果你急于去证明自己而反复向对方做出解释，或很有可能会被别人认为是恼羞成怒，结果有可能是越描越黑，不仅没有解决问题，还浪费了时间、精力，同时还影响了你与对方和谐的人际关系，无疑是得不偿失的。对于此，最好的解决方法就是将心胸放宽一些，难得糊涂一回。尤其是对于一些根本无伤大雅的小问题，我们更没有必要非得去与别人较劲，否则就算你能赢得口头上的胜利，却给自己徒增了几分烦恼和忧虑。

肖强是个大才子，不仅能诗善文，而且还善于辩论。拥有如此好的口才，肖强的周围应该有很多朋友才是，但事实却并非如此，主要是因为他是一个爱较真的人。

有一次，肖强与几位朋友一同去参加一位朋友的婚礼，本来是很喜庆的场合，肖强却因为司仪的一句话把场面搞得很尴尬。

席间司仪说："在座的朋友都知道，新郎、新娘是名副其实的'青梅竹马'，在这里我给大家解释一下这个成语的来历：相传宋代的时候有个著名的女词人李清照，她与她的丈夫赵明诚自小相爱……"司仪的解释显然是错误的，但是在场的人出于礼貌，谁也没去说破。但是肖强却忍不住大声在台下说道："你说错了，这个成语是李白写的……"顿时，那个司仪脸上红一阵白一阵，但是对方又是个嘴硬的人，接着说："这位先生，您说是李白写的，有什么证据吗?"

肖强得意地说："当然有了，这个成语出自李白的《长干行》……"这样一来，让那个司仪面子尽失，场面顿时也冷清了许多。这时候新郎很不高兴地将他叫到一边说："人家是来帮忙的，你跟人家叫什么劲呀！这是结婚啊！又不是学术辩论会。平时大家都不愿意与你交往，就是这个原因……"

毫无疑问，拥有渊博的知识、出众的口才能够为我们的工作、生活提供有力的保障，但是如果总像肖强那样，经常因为一些无关紧要的事情与别人较真，那么这个优点就只会成为你人生的羁绊。所以遇到此类情况，我们最好糊涂一下，一笑了之。同时也要以一种包容的心态去面对身边的人与事，放下过多的计较，就会得到快乐和开心。

2.比较生烦恼，平静生幸福

不比较的人生最美。

在日常生活中，我们总是习惯了用比较的眼光来看待事情，比如拥有得多与少、事物的好与坏等等。当我们与别人比较的时候，就自然会无法对自己已拥有的东西或事物进行欣赏和满足，这样你自然就很难快乐起来。

郁金香有郁金香的美丽，牡丹也有牡丹的漂亮，两者根本没有可比之处，只需去欣赏当下的就能享受到快乐和满足，否则，所有的美感就会全部丧失，我们也就错失了当下的快乐和满足，不是吗？

与其去比较，不如换一种“这个很好，那里也不错”的想法，都以积极的心态去欣赏当下的美丽，享受自己所拥有的快乐，那么你的心情将会永远是快乐的。

但是，比较似乎是人的一种普遍的不自觉的心态，只要尝试过一次“更好”的滋味，就想寻求到更多的“更好”，每个人似乎都会不自觉地将眼光盯向别处，体味不到自己眼中风景的美丽，这样也在不自觉之中让自己多了几分烦恼与忧愁。

张欣是位都市白领，与丈夫结婚后用积累了几年的工资买了一套两居室的房子。房子是他们精挑细选后定下来的，两人住进去后感觉十分舒适而且方便，心中十分开心，每天上班脸上都会挂着幸福的微笑。

但是没过多久，她的一位好朋友也买了一套房。装修好后，朋友打电话让张欣到家里参观。朋友的房子地段好，而且房子还很大，里面装修也很高档，张欣从朋友家回来后，脸上再也没有笑容了。她原本的好心情已经被朋友的“更好”的房子给冲击掉了。

这就是比较心理作怪的结果。要知道，别人的房子好，花的钱也会多，付出的辛苦也自然就越多，那就让他“更好”吧！自己不想太累，不想背负太重的经济负担，买一个舒适的就好，自己享受自己当下的惬意生活，有什么好比较的呢?

比较多数情况下都会给自己带来许多阴暗和不愉快的感觉，怀有比较的心理去工作或生活，即便是你再有优势，也难免会使自己心理失衡，也不会有愉快的感觉。比较是十分危险的，会让我们忽略或不满足于自己所拥有的，会让我们错失很多美好的东西；比较会挑拨起我们的野心，也是在诋毁我们自己所做的一切努力，让我们所得的和已经拥有的变得毫无生机和意义。

其实大部分人都明白这个道理：我们都是比上不足，比下有余。但是仍旧会忍不住要去与别人比较，处在与人比较后的烦恼中不能醒悟过来：比较物质、比较金钱、比较名利、比较幸福……在物欲高涨中的社会中，比较只会让我们烦恼重重。所以，当我们心情烦躁的时候，请自觉地自问一下：自己是否是正处于比较后不平衡的心理状态下？如果是，请赶紧远离这种比较，因为一旦养成这种习惯，便会随时随地吞噬掉我们的快乐。

哲学家说：“人正是因为在人群中习惯了仰视，所以才滋生出许多烦恼来!”在生活中，我们总习惯于拿那些比我们强的人进行攀比，这样就常常会迷失自己，让原有的幸福与自己擦肩而过。反过来，如果我们肯低下头来，与那些不如我们的人相比，肯多去看看那些不幸的人，难道我们不是幸运的吗？人往高处看固然是对的，因为它可以激发我们奋力向前的积极性，但是有时候也要低下头来看看身边不如自己的，这样才能获得满足。

有道是，山外青山楼外楼，比来比去何时休？好只是相对的，谁都可以成就自己的幸福，为何要比来比去，让自己不开心呢？

3.那些可以忽略的小事

别让小事影响心情。

著名作家肖剑说："很多时候，让我们疲惫的并不是脚下的高山与漫长的旅途，而是自己鞋里的一粒微小的沙砾。"同样，在生活中，影响我们快乐心情的恰恰就是生活中一些非常微小的事情。比如早上你挤公共汽车时，有人不小心踩到了你的脚，心情就会变得异常糟糕；在上班的途中遇到堵车，烦躁随之而来；下班途中，汽车的轮胎突然被放了气……这些小事看似很小，但却足以吞噬我们一时乃至一天的好心情。

赵珊就经常会被一些"小事"绊住脚，特别是最近一周，她甚是感觉"诸事不顺"：在周一上班的路上，因为认错了人而十分尴尬，一天下来都为自己的行为而感到不安；周三的时候，又因为上班迟到而受到领导的批评，心情一天都极其低落；在周五的时候，孩子因为在学校与人打架，而被老师通知到学校一趟……

这样的小事经常发生在赵珊身上，她经常感觉自己太倒霉了，这些小事时常影响着她的心情，脑子中经常绷着一根弦，每天都处于紧张中，但是还是不时会出乱子，自己都觉得快撑不下去了……

这些生活细节显然给赵珊带来了极大的精神压力，严重影响了她的生活。这些小事情在生活中也是不可避免地会发生的，但是作为一个理智的人，必须要学会控制自己的情绪与行为，尽力敞开心胸，不让自己因为一些小事去抓狂。

两千多年前，雅典的政治家伯利克里就曾经留给人类一句忠言："请注意啊，我们已经将太多的精力纠缠于一些小事情了！"这句话，对于今天的人们来说，仍然很值得品味和借鉴。

对于我们多数人来说，生活都是由无数的小事组合而成的，如果我们过多地拘泥、计较小事，那么，我们的人生也就没有什么意义和乐趣可言了，我们触目所及的必然都是烦恼、痛苦、矛盾与冲突。

现在你可以静下心来想一想：你正在一条街上，恰好被楼上居民随手扔掉的一个果皮砸到了头；你去买菜，有人不小心弄脏了你漂亮的新裙子……此时此刻，如果你不是大事化小，小事化了，不懂得去控制自己的情绪，而是口出污言秽语，或者对别人大发雷霆，就有可能会闹出更大的麻烦或祸端来，等于将自己置于更大的烦恼和痛苦中。

从医学的观点看，事事计较、精于算计的人，对自己的身体也是极其有害的。比如《红楼梦》里的林黛玉，虽生有闭月羞花的美丽容貌，但是由于总是斤斤计较，患得患失，对别人一句无意的话，她也会辗转反侧，难于入眠，抑郁不已，最终只得落个"红颜薄命"的悲惨结局。再比如，唐代著名诗人李贺，思路敏捷，才华过人，被人称为"诗鬼"。只可惜，他是个心胸狭窄之人，常会因为一些芝麻绿豆大的事情而郁郁寡欢，愁肠百结，27 岁便不留于人世。

古语云：“让一让，三尺巷。”对于生活中的小事情，让一让，忍一忍又何妨？人活在世上，理应开朗、豁达，活得超脱一些的，如果你凡事都去斤斤计较，只是在给自己徒增烦恼罢了。

人的精力毕竟是有限的，如果你过于在小事上计较，那么，对人生中的一些大事的注意力与处理能力就必然会淡化，甚至是无暇顾及了，这也就意味着你将会失去更多。所以，我们要学会勇于放下，“糊涂”地对待一些小事，这样才能让自己收获更多重要的东西。

4.不因错过而抱怨

错过了春的芬芳，还有夏的炎热。

在我们的生命中，有很多珍贵的东西，但我们却总因为这样或那样的原因没有及时地把握住，最终只能眼睁睁地看着它远去，我们会为此哀伤、难过，认为自己可能永远失去了。其实，大可不必如此，在很多时候，错过也是人生的一种美丽。错过并不意味着失去，而是意味着你可以保留对它的完美想象，而不是见到本真的失望。

肖枫是一个事业有成的男人，而英是一个普通平常的“上班族”。

一天，突然下起了瓢泼大雨，英忘了带伞。她只好无奈地站在公交站牌下等车。雨下个不停，英的公交车还没有来。眼看这车站上的人一个又一个上车离去，英顿时很懊恼自己今天竟是如此的粗心。

肖枫开着自己的车子在雨中行驶，他开得不是很快，他喜欢下雨，喜欢看雨中的一切，忽然一个靓丽的身影映入眼帘。在公交车站站着一个女孩，个子虽不高但长得很有气质，雨水淋湿了她额前的秀发，肖枫看着看着竟不由自主地放慢了车速，最后停在车站的路边。

一辆又一辆公交车来了又走，女孩依然在车站等待，也许是她的车还没来吧。肖枫这样想。其实眼前的英很让肖枫动心，雨中的她显得很纯净自然，就像一朵刚刚盛开的白玉兰，纯净得让人忍不住多看几眼。

肖枫就这么看着，他不知道自己能不能邀她上车，然后送她回家，因为他们素不相识，即使他邀请了她，她也未必会答应。肖枫在心里猜测着。

雨就这么下着，肖枫就这么看着，英就这么等着。

终于，英的车来了，她上车走了。肖枫看着她上了公交车，看着她在公交车里行走，他忽然觉得自己很失落。是因为她吗？他们并不相识，可是为什么自己不开车呢？难道自己真的喜欢上了一个素昧平生的女孩？肖枫摇了摇头，发动了车子。

就这样，肖枫和英继续着自己的生活，英并不知道那天有一个人在注视着她，并不知道当时的她在别人的心海里激起了层层涟漪。

肖枫曾后悔自己没有走出车子，假如当初他走出了车子，也许他现在就知道她是谁了。可这都是假如。肖枫独自笑了笑，其实错过了也好，虽然错过了，但在彼此的心里留下了美好的回忆，这也是一件美事，何况自己真的邀请她上车，她也未必会同意。与其遭到拒绝，不如就这样错过，错过并不代表失去，更何况自己并没有得到她，哪来的失去呢？

人的一生总要错过很多，错过之后总会有人在遗憾、后悔，殊不知错过有错过的美丽。也许正是你的错过，才成就了如今的完美。

生活中总有太多的错过，几多忧愁，几多相思。在我们停留在错过的遗憾与不经意间，许多更美好的事物和回忆与我们擦肩而过。也许那些在不经意间错过的才是最美好的，如果我们只会停留在眼前错过的伤感中，那么我们会错过更多。

人们总喜欢把错过和失去当成是人世间最遗憾的事情，为什么不把错过看做人生最美的邂逅呢？凭着自己对未来的憧憬，告诫自己努力前行，在每一个相思的日子里，在每一个翘首以待的时刻，幸福地过着今生的分分秒秒，这样的错过也是人生一道美丽的风景。也就是说，这一次的错过也许是下次邂逅的开始，错过并不意味着失去，而是意味着更完美的开始。

5.苦水是一片阴云

别让苦水覆灭了自己的快乐和活力。

在生活中，人们总是只看到别人快乐、潇洒的一面，总会将别人如意的地方与自己不如意的地方相比，总觉得自己比别人要过得差，以至于每日都郁郁寡欢。实际上大可不必如此，每个人都有痛苦的时候，你之所以痛苦，是因为不知道有人比你还要痛苦。

悲观的人总是相信别人比自己快乐，比自己活得更顺心、更洒脱、更能把握自己的人生。但是他们却没有想到，别人在生活中也同样会面临各种各样的难题，正是因为他们不想，因此就产生自怨自艾的想法。

苦水是一片阴云，会越吐越多，越吐越苦，对于解决问题不仅无益反而有害，甚至还会导致焦虑和抑郁等情绪的产生，这些负面情绪会渐渐地湮灭我们内心仅剩的一点点快乐与活力。

在生活中，当我们心情不好时会找别人吐苦水，想博得别人的同情，但是凡事都必须要有个限度，反复重复自己的不幸，只会让人觉得你是个生活的“怨妇”，最终得到的只可能是看客悲剧心理的满足与茶余饭后的谈资，以及别人对你的厌烦，这样的结果就是让你感到越来越苦，直至无法承受。

自从丈夫去世之后，晓梅的性格就变得怪异，心中时时充满愤怒，整天在朋友面前抱怨生活的不公。她内心憎恨孤独，孀居3年后，她的表情也变得硬邦邦的，几乎看不到一丝笑容。

有一天，晓梅在路上走着，忽然就看到一幢她以前非常喜欢的房子的周围竖起了一道新的栅栏，那房子虽然很旧了，但是院子里面却打扫得干干净净，院子里种植着各种花草，显得很是安静。晓梅注意到里面有一个系着围裙、身材瘦小、弓腰驼背的女人在拔着杂草，修剪鲜花。晓梅不由得停下来，长久地凝视着栅栏里的一切，看到那弱小的女人正要试图开动一台割草机。

“喂，你家的栅栏，真是太美丽了!”晓梅一边喊着，一边挥动着手。那个女人也蹒跚着站起身，看着晓梅。她微笑着说：“到门廊上坐一会儿吧!”

晓梅同女人一同走上后门的台阶，那女人打开拉门，说：“这些年我都是独自一个人生活，经常会有许多人来我这里聊天，他们喜欢看到漂亮的东西。有些人看到这个栅栏后便会向我招手，几个像你这样的人甚至走进来坐在门廊上与我聊天。”

“但是前面这条路扩宽后，这里发生了如此大的变化，难道你内心不介意?”晓梅问道。

“变化是生活中的一部分内容，也是铸造个性的因素。当不喜欢的事情发生在你身上，你总要面临两个选择：要么痛苦愤怒，这样做的结果只会让自己越来越痛苦，因为你不停地重复自身的痛苦，重复一次，就会让自己再痛一次，久而久之，伤痛就成为你生活中的一部分了；要么就振奋进步，用微笑与努力将痛苦掩埋，它就再也不会影响到你了。要知道，太阳每天都是新的，它从来不会因为你而改变什么，既然如此，不如选择后一种。”

听到此话，晓梅的内心深处就有一种新的感受，只是感觉到，由愤怒筑建起来的心灵的坚硬的围墙轰然倒塌了……

是的，苦水只会越吐越多，你每重复一次，内心就会痛苦一次，久而久之，你的内心就会变得抑郁起来，痛苦也就成为你生活中的一种习惯。所以，当我们遭遇不幸或遇到纠结的事情时，一定要及时地敞开心扉，让阳光驱散掉心灵深处的阴云，那么黑暗便会与你绝缘，你将会永远地生活在快乐舒心的氛围之中。

6.欣赏生命，需要一种平和的心态

用宁静的心态对待生命中的每一个瞬间。

当一个人在前进的道路上遇到重创之后，可能无法找到生活的正确切入点，难以摆正自己的位置，随之而来的就是心情低落，充满失望和焦虑，甚至会失去对生活的希望和乐趣。接下来就丧失了斗志，抱着做一天和尚撞一天钟的态度，有时候甚至连钟也懒得去撞了。或许我们的心里会抱怨上天的不公平，感慨身心被理想领入了歧途。当你以一个受害者的身份出现时，所有的悲痛和感伤，都无法让自己得到摆脱，能够解救你自己的，也只有你本身。

当进取心受到创伤之后，心灵上很可能就会被扭曲，希望破灭时，恨不得剪去头上的青丝，遁入空门。日复一日地拷贝昨天无聊的工作、无法寻找发挥特长的舞台、心中梦想的生活永远成为遥不可及的梦想，给我们带来的是痛彻心扉的苦恼，甚至绝望。种种的不顺心折磨着你的心灵，考验着你的意志力，假如自甘堕落，失去一个平和的心态，那么，你将永远贴上失败者的标签，永远扮演着一个失败者的角色。

孔子说："人无远虑必有近忧"，当我们在啼哭中来到这个世界上的时候，就注定了此生要经历一些大大小小的磨难。话说回来，我们的人生价值，也正是在一次次的战胜困难中得以完成的。因此，面对失败，我们没有任何躲避和抱怨的理由，唯一能做的，就是擦干眼角的泪水，以更加高扬的斗志，重新融入到生活当中去。当我们以正确的心态来看待这些失败和困难的时候，往往就会发现，失败，经常是一种错觉。

一个年轻人遇到了前所未有的挫折，陷入了无边的苦海当中。当他在一个陌生的城市里漂泊，每天为房租和三餐忙得焦头烂额的时候，相恋多年的女友离开了他，心情的低落导致工作中屡屡出错，最后被老板炒了鱿鱼。心灵上受到伤害的年轻人几乎要以泪洗面了，一遍遍地自言自语，说着祸不单行之类的话。

面对这些从未经受过的灾难，他的心理开始崩溃了。早晨起来，眼睛盯着天花板发呆，想着如何打发这即将到来的悲惨一日。在极度失落、苦苦挣扎之后，他就想转移一下注意力，尝试一些新东西，来给自己的生活增加一种情趣。

这天，他走进一个游泳馆里，在没有朋友没有教练的情况下，不会游泳的他一头扎进了游泳池里，动作里带着自虐和自残。在他的头整个进入水里的时候，水在耳边响动，他觉得有一种雷鸣的声音。在潜意识的支配下，他的身体本能地向上猛蹿了一下，水的推力促使着他的身子前行，一头撞在了护栏上，脑袋中产生了更强更大的轰鸣。

他想，这一次生命可能就要终结了。在慌乱之中，他沉入了水底，结果一口气没有喘过来，一股水流涌进了他的鼻子和口中，使他感觉到更加的眩晕。求生的本能使得他疯狂地挣扎着，结果却接二连三地沉入水中，他心中恨恨地想：我就不信在游泳上我也会是个失败者，会死在这一个小小的水池子里。

他毫无章法地胡乱扑腾着，只是随后一只有力的大手拉住了他，倔强的他想要挣脱，但是筋疲力尽了，只好被那一只手使劲地拽到水池边。“孩子，你这样乱来是不行的，会有生命危险的。”他睁开眼，看见是一个大叔慈祥的脸，身在异地城市的他听见这一番亲切的话，眼泪几乎要流了下来，感觉到自己不再和以前一样那么孤单。大叔告诉他落水的时候要心静，屏住呼吸，放平手脚，依靠水的浮力就可以把自己托起来。徒劳的挣扎是没有用的，反而会适得其反。

这个年轻人的情绪终于平静下来了，经过反复的尝试，他终于能够在水中游刃有余了。后来，他把在游泳池中的态度带到了生活和工作中去，生活也慢慢地有了起色，他的心情也不像当初那样沮丧了。

在生活中，如果一个人把自己囚禁在失败的牢笼中，即使别人想把你拯救出来也是徒劳。因为，一切都要依靠自己。在生活的逆境当中，我们需要的是保持一个平和的心态，从失败的阴影中走出来，那么希望和成功的阳光就一定会照进生命的角落。

7.遇到麻烦，不必心烦

遇到麻烦，笑一笑，转机就会到来。

用幽默的心情看待人生，其实正是我们现代人应有的生活态度。遇到倒霉的事情时，如果我们都能够放松心情，那么，面对人生过程中的起起伏伏，我们不仅能够轻松应对，更能在霉运当头时，盼到转机的到来。

有一天，梅涛下班以后，便拦了一辆出租车。一坐进车中，他便感觉到这位司机是一位极为乐观的人。因为，司机先生一会儿吹吹口哨，一会儿播放时下最流行的歌曲。梅涛见他如此快乐，便羡慕地对他说："你今天的心情真好呀！"

司机先生笑着说："当然呀，我每天都是如此呀，为什么会心情不好呢？"

梅涛微笑着回应道："说得也是呀！不过，你不会遇到令你心焦的事情吗？"

司机先生接着又说："不幸的事情经常发生，但是我悟出了一个道理，情绪暴躁或低落，对自己一点好处也没有，更何况，事情总会出现转机的！"

梅涛听到司机这么一说，便好奇地问道："怎么说呢？"

司机缓缓地回答说："有一天早晨，我照常开车出门，想趁着上班高峰期多拉几个人，多赚点钱，但情况却未如预期的顺利，因为车子没开出多久就爆胎了。当时天气极为寒冷，车子停在路边，我的心情也极为低落。无奈之下我拿出了工具要换轮胎，但是因为天气太冷，外面的风太大，我换轮胎的过程极为不顺利。”

司机故意停顿了一下，便接着说：“就在这个时候，有个路过的司机从卡车上跳下来，一言不发地上前来帮助我，而且完全不必我动手，这位陌生的卡车司机很熟练地就把轮胎换好了。当我向对方表示感谢，想给他一些酬谢时，却见他轻轻地挥了挥手，立即跳上了车就离开了。”

司机笑着说：“因为那个陌生人的帮忙，让我一整天的心情都大好，也让我相信，人不会永远都倒霉的。在轮胎问题解决后，我的心胸也顿时打开了，而好运似乎就跟着进了门，那天早上乘客一个便接着一个，生意也比其他人要多出一倍呢！所以，当遇到麻烦，我总是对自己说，不必再心烦了，马上就可能会出现转机的，生活不会永远地都停在不如意之中。”

生活中的事情就是如此，什么麻烦都不会永远停留在不如意之中的，与其悲观失望，不如乐观面对，给自己一些积极的心理暗示力量，这样就能够让自己充满自信地去改变事情，也更能迎来转机。

在生活中，许多人经常会这样说：“如果再将我置于当时的境遇中，我肯定不会那么悲观、失望了，我肯定会以乐观的情绪相对！”但是，要知道生活永远不会给我们第二次选择的机会，我们可以转身，而不能一直回头埋怨自己。如若体会到这一点，就以积极的心态面对当前遇到的麻烦吧，它就像我们过去所遭受的不幸一样，终究会出现转机的。

在岁月的长河中，我们每个人都会遇到一些令人不快的情况或麻烦的事情，在这个时候，与其悲伤难过，不如乐观地接受它，并且适应它。这样就可以用

自己的积极乐观来湮没那些不幸，最终让这种不幸转变为一种幸运的事情。就像拿破仑·希尔一样，相信这些不幸总会成为过去，没有必要给自己制造更多的麻烦。不要让一时的不如意影响你的心情，笑一笑，以乐观的心情面对，你就会发现：天大的问题终究有解决的方法，再大的困难终究会成为自己的一笔巨大的精神财富。

第二辑
顺其自然，你的世界充满快乐

人生如梦，岁月无情，活着是一种心境。若凡事都追求尽善尽美，终成一种负累，若能顺其自然，你的生活就会充满阳光和欢乐，人生就会幸福，生命就会精彩。人生何必苦苦苛求？追求该追求的，失去的当学会忘记，由此才不会心累。

1.苛求，是对心灵的一种伤害

坚守梦想，也要量力而行。

不论在生活中，还是工作中，人们往往都会认为认真的人是最可爱的，他们能把自己的工作做得更为出色，让生活变得更为精致，也能让人生变得幸福和充实。认真的态度固然是好的，但是在现实生活中，我们看到不少人却因为认真得近乎偏执，对自己过分苛求，导致生活过于沉重。

我们现在可以试想这样一个场景，有位老板说：“你当前的工作做得不错，但是我希望你每个月完成四项任务，而不是现在的三项。”不苛求的人看到的会是自己三项工作任务都完成得不错，努力没有白费；而苛求的人则更多关注的是那未完成的第四项任务。所以，这样的心态必然要导致两种不同的结果：一种是极为积极活跃，而另一个是更加悲观沮丧。

不管我们承认不承认，苛求的人，他们的人生总是极为沉重的，生活是十分疲惫的。同时，过分苛求的人的性格中往往还有偏执的一面，他们也爱自我压抑，这些都会对个人身心健康造成一定的影响。爱过分苛求自己的人，平时总会感到自己的压力很大、经常处于焦虑和疲惫中，长期在这种情绪的压抑下，个人极容易走上极端，易患各种心理疾病，比如抑郁症等，都与过分苛求的性格有关。

俗话说：“水至清而无鱼，人至察则无徒。”在现实生活中，我们对人、对事、对自己都不宜过于苛求，否则，只会置自己于孤寂和焦灼之中。人的一生之中，挫折、坎坷都是难免的，痛苦和欢乐也是同在的，烦恼与幸福也是共存的。我们对成功苛求越多，失败后，遭受的痛苦也就越大，这就是心理学中所说的“智能越高，对苦闷的体验就会越敏感”。所以，在生活中，我们一定要理性地认清自己，面对现实，量力而行，不要过于苛求自己，这样我们才能更深刻地体会到生活与成功的意义。

有一次，晓琳去外地参加一个重要的会议，在一个没有电梯的宾馆，从一楼到五楼之间上下了六七趟，几趟下来，感觉腿脚发麻、浑身无力。而与她一同参加会议的一位年迈的老太太却大气不喘，精神焕发。

晓琳与老人闲聊后才知晓她已经有70岁高龄，是这次会议的特邀嘉宾。这么大的年龄还有这么好的身子骨和精气神实在令晓琳十分佩服，就向她讨教养生秘诀，老人说：“我的秘诀就是，忧愁穿脑过，梦在心中留，对什么事情都不去苛求。”

在谈到自己的梦想时，老人说：“我在生活中与人无争，与己有求，但不过分苛求。我根本不想做名人，不想当明星，只想做个有所为又有所不为的文学爱好者。在自己30多岁的时候，当明白自己一生所要的不过是清清淡淡一碗饭后，就主动放下了许多事情，让每天的生活不闲着，也不劳累，早上起来跑跑步，白天读读书，晚上有空写写字，从来都是睡得甜吃得香，从不为什么事情去担忧。”然而，正是这种看似平淡的心境，才让她能够沉淀下来，静下心来，为自己创造了极好的创作空间，最后才成为一个了不起的作家。

试想，如这位老人一样乐观豁达，与己有求，但又不故意苛求的人，能不长寿吗？能不成功吗？不论年轻也好，年老也好，每个人心中都应该有一个照亮心灵的梦想，但是，对于梦想不要去过于苛求，不必为自己制定什么硬指标，比如每月一定要给自己制定完成梦想的具体额度，几年之内要达到什么位置，一生要留下多少财富，等等。这样就是对自己的苛求，是与自己叫板，与自己过不去了，那样的话只会让自己活在劳累和疲惫之中。

要知道，最终能够站在塔尖上的毕竟是世界上的少数人，只要根据自己的能力，坚守自己的梦想，抱着一种顺其自然的心态去追求，只要为此付出努力了，就能够问心无愧，就能够知足，这样才能让自己感受到追求梦想过程的快乐与幸福。

2.太过执著，反而失去珍贵

执着于不该执着的叫错误。

我们在前进的道路上，选定了自己的目标后，不懈地坚持下去是一种执着的精神，这种精神对于实现自己的目标是必不可少的。但是，有时候过于执着却未必是好事情。比如你在执行目标的过程中，发现目标不符合实际，这时候如果你还刻意地执著地要坚持，就变为一种偏执了。面对这样的情况，与其在那里苦苦挣扎，蹉跎岁月，还不如及早放下，否则只会让自己体会到更多的痛苦和失落。

太过执著就会变得盲目，做人要懂得变通，只有自己能够变通才能正确地进行选择。明明知道这扇门打不开，就不必为这扇门而苦苦追寻了，为何不放下自己的那份执著找寻出另一扇门呢？

在大西洋中有一种鱼，长得极为漂亮，银肤燕尾大眼睛。因为平时都生活在深海之中，所以不易被人捉到。但是它们会在春夏之交逆流产卵，会顺着海潮漂流到浅海。这时候，它们极易被渔民捕到。捕捉它们的方法很简单：用一个孔目粗疏的竹帘，下端系上铁，放入水中，由两个小艇托着。

这种鱼的“个性”极为要强，不爱转弯，即便是闯入罗网之中也不会停止向前游。所以，一只只便会“前赴后继”地陷入竹帘孔中，帘孔随之也会紧缩。

竹帘缩得愈紧，它们就愈激愤，会更加拼命地往前冲。结果却被牢牢地卡死，最终成群结队地被渔民所捕获。

我们人类又何尝不是如此，总是喜欢给自己加上负荷，不肯轻易放下，自诩为“执著”，最终却白白浪费了过多的时间与精力。我们执著于名与利，执著于幻想的美，执著于一份痛苦的爱，执著于不切实际的空想……等到数年光阴逝去之后，才会哀伤地去慨叹人生的无为与空虚。

我们常常会这样自勉：“我一定要成为某方面的专家”“我一定要在一个领域内做出最大的成就”……但是很多时候，这些不切实际的理想与追求只会成为我们的一种负担，会羁绊我们实现那些切合实际的理想。

人生苦短，韶华易逝。执著于一个目标、一个信念那是大勇，但是如果目标不合适，或客观条件不允许，与其蹉跎岁月，徒劳无功，还不如干脆放下。放下那宏大的美丽的理想，选择那些伸手可及的目标时，或许人生的局面就会在瞬间柳暗花明，发现实实在在的幸福正等在你的身旁。

3.爱情与完美主义势不两立

彼此信任，彼此包容，爱情才能永恒。

如果在这个世界中挑选一件最美丽的东西，那么应该就是爱情吧。爱情是神圣的，也是美好的。没有了爱情的存在，生命就失去了耀眼的光芒和亮丽的颜色，爱情能够激发一个人对生活的热爱，对未来的激情，没有爱情的人生是残缺的，也是乏味的。然而，爱情的内涵却不是我们想象中的完美无瑕，两个人的世界里，可能会时常出现意见相左，争执不休，让双方都感到非常的疲惫和烦恼，在这个时候，或许会怀疑爱情是否还会真正地存在，甚至在心里蒙尘之后作出错误的决定，招致一生的痛苦。

这个世上没有完美无瑕的爱情，也不会存在没有争吵的夫妻。真正的爱，是一种相互的包容，是无私和博大。

当两个人相爱的时候，已经注定了要付出和承受太多的苦与痛，有时候是明明知道付出没有收获后的义无反顾和无怨无悔。真爱的内涵和本质，不是花前月下的卿卿我我，也不是莽撞少年的缠绵与誓言，而是彼此会心的一笑就可以触摸到对方的心灵。爱情的美丽和可贵，不是誓言的多少和承诺的天荒地老，而是相互的包容和理解。往往有时候，一句话或者一个眼神都蕴涵着无私的真爱。

李美妍和孙玉超经过一段时间的恋爱之后结婚了，婚后却不是想象中的激情四射，而是平淡的出奇，让李美妍感到异常的郁闷。

一天中午下班，李美妍下楼时一脚踩空，而坐在了楼梯的棱角上。咬着牙撑到家，才发现坐也不是，躺也不行。只好给孙玉超打电话，孙玉超气急败坏地说："跟你说过多少次了，小心点儿，小心点儿！去年刚刚摔坏了腿，今年又摔伤了屁股，明年你改上托儿所得了！你怎么总不长记性呢？"李美妍一边哭一边听他训，一边还听到他招呼单位的司机："快快快！开车送我一下！我老婆摔倒了！"

孙玉超回到家里，看见哭丧着脸的老婆，又是一阵痛骂："我中午还有事呢，你净在这里给我添乱！人家娶个老婆是为了省心，我却把你这个让人操心的给娶进门了！家门不幸啊！"说完便把老婆背在身上，一路小跑走下楼去。

每次受伤之后李美妍都会受到老公怒气冲冲的指责。李美妍对于老公的训斥和责骂，是十分厌烦的，每次听到老公的指责都感到很气愤，多次提出抗议，但是老公置若罔闻，她只好采取沉默的态度。于是孙玉超再骂时，她便对自己说："沉默，沉默！沉默是金！"因为她知道，这是老公对她爱的一种方式，并且跟他骂声激昂程度成正比，骂的越激昂，心疼的越厉害。去年摔坏腿的时候，一次次地去医院，拍片，换药，复查，都是他背着上下楼。从顶楼下来，87级台阶，平时单人跑还有点儿微喘，何况还要背着一个大活人呢？

在李美妍摔伤的那段时间，孙玉超也是经常骂不离口的，有时候实在受不了他的粗暴，愤怒后的李美妍挣扎着从床上爬起来自己走，可总是拗不过老公，结果往往是让孙玉超背着上下楼。听着他粗重的喘息声，李美妍的心便一点一点儿的柔软。

终于，到了伤好的那一天，李美妍高兴地在老公面前左摆右扭。她说："原来，可以自如地扭扭屁股也是一种幸福啊！"这次孙玉超没有再骂人，而是用一种一本正经的口气说："你在我的骂声中成长也是一种幸福。等到哪天我不再骂你了，说明我已经不再在乎你了。"这时候，李美妍的心里感动不已，暗自想，原来在疼我爱我的老公的骂声中渐渐成长也是一件极其幸福的事。幸福就是如此简单，简单到扭一扭屁股，简单到挨一下老公的骂。老公那令人讨厌的缺点其实正是一种爱的表达方式呀。

在爱情生活中，有一种感动叫相亲相爱，有一种感动叫相濡以沫，还有一种感动叫理解与包容。爱情的历程犹如行驶在大海中的一帆小船，有时风平浪静，一帆风顺；有时则有风暴，有暗礁，只有划动包容的桨，挂起理解的帆，同心协力才能到达幸福的彼岸。

4.曾经的痛苦，现在的幸福

不要为逝去而后悔。

莎士比亚说过："聪明的人永远不会坐在那里为他们的损失而悲伤，他们会很高兴地想办法来弥补他们的创伤。"可惜，在现实的社会中，没有几个人能够做到让不愉快都随风而去，把过去的痛苦沉在心里，在不断的痛恨惋惜和懊恼中度过本该轻轻松松的每一天。

我们习惯了对过去的事情不肯放手，也习惯了对自己眼下幸福的视而不见，从而常常抱怨美丽的东西不属于我们。有着"问君能有几多愁，恰似一江春水向东流"的哀怨。既然哀愁如一江春水，那么就让这些往日的忧愁随着滚滚东去的河流一起奔向大海吧，再也不要让那些往事来折磨自己。得不到的东西好比是闪烁天际的星星，虽然璀璨却很遥远，倒不如把那些往事当成美丽的回忆和路边迷人的风景，走过去了，就不要再返回。如果把它们当成追求目标，却发现那些东西并不是我们值得拥有的，失去的东西因为失去才美丽，但等到失而复得的时候，却未必能有一种好的心情。唯有现在的幸福时刻才是我们应该紧紧抓住的。世界上最珍贵的不是得不到和已经失去，而是此时此刻的拥有。珍惜当下，是每一个明智之人的选择。

法国著名的作家卢梭，少年时代有过一桩刻骨铭心却又十分尴尬的爱情经历。在他11岁的时候，比他大11岁的德·菲尔松小姐向他表示了深深的爱意，而卢梭也十分迷恋这位女人的奔放和性感靓丽，于是两个人就开始了轰轰烈烈的爱情，卢梭一头扎进了这位风情万种的小姐的温柔情怀中。

过了不久，卢梭发现这位小姐对他的爱意只是一个圈套，只是为激发出一个她偷偷爱着的男友的醋意。年少气盛的卢梭觉得自尊心受到了莫大的伤害，内心充满了难以描述的愤怒和仇恨，发誓永远不见到这个颇有心计的女人，假如有一天意外地遇见，也一定会给她难堪。

20年后，已拥有了极高的社会地位的卢梭回家里看望父亲，在波光粼粼的湖面上，他却意外地看到了离他们不远的一条船上的德·菲尔松小姐。她衣着简朴、面容憔悴，完全失去了往日迷人的风采，和风华正茂、衣锦还乡的卢梭形成了鲜明的对比。这是一个颇有戏剧性的画面，也是多年前卢梭梦寐以求的时刻。正所谓的仇人相见分外眼红的情景，按照20年前的誓言，卢梭应该凑上前去和她重提旧事，让这个欺骗了他的感情的女人无地自容，这是一个求之不得的复仇机会，哪怕是过去打个招呼，对极要面子的德·菲尔松小姐也是一种很好的报复。

但卢梭却没有这样做，而是悄悄地把船划开了。当一个朋友问到他为什么要这样做的时候，他回答说：“虽然这是一个相当好的复仇机会，但还是觉得没有必要和一个40多岁的女人算20年前的旧账。”

“你真的对她没有丝毫的仇恨吗？当初，她可是让你伤透了心。”朋友用质疑的语气问。

“如果有怨恨，那也是20年前的事了，如果这些年我一直对她的负心耿耿于怀，那么我将会在这些痛苦与悔恨当中度过20年，那将是一个多么可怕的现象，如果那样的话，还会有今天的卢梭吗？对往事耿耿于怀，好比我提着一袋子死老鼠去见你，可能会让你一时间的不舒服，但是在一路上闻着臭味的人也只有我，这又是多么愚蠢的行为。怨恨就像一袋死老鼠，最好把它丢的远远的，”卢梭说完从口袋里拿出一些钱来，“希望这些钱能够帮助她摆脱困境，过得好一点儿。麻烦你转交给她，但是千万不要说是我送的。”

如果面对过去的矛盾和纠葛，一味地斤斤计较，输掉的不仅仅是眼下的幸福，更多的该会是做人的境界，这些都是百害而无一利的，明智人的明智之举永远不会选择愁肠百结，而是为了生活中的愉快而淡化，因为他们懂得，解开心结之后，眼前的世界才会豁然开朗。

5.当爱远走，就放手

该放手时就放手。

有人曾经说过，真正的爱情只有一次，没有第二次。或许在这句话的诱导下，许许多多的痴男怨女不情愿放弃即将失去的爱情，进行着无谓的努力和挽救。其实，这种话只能算得上一种名言，真理的成分到底是多少还尚未可知，处在恋爱边缘上的人没有必要去为此浪费心血和感情。有些爱情正因为它的美丽才显示出了不现实的一面来。白马王子和灰姑娘的故事，只是人们的美好梦想，在日常的生活中，它出现的概率微小到忽略不计的地步。

痛苦和欢乐都不是绝对的，因为有痛苦，所以欢乐也必然在一定程度上存在。在恋爱的日子里，你的欢乐来自于甜蜜芬芳的爱情，在失去爱情的岁月里，也要承受这苦涩和辛酸所带来的痛苦吧。既然已经失去了，又何必为无法挽回的感情而痛哭流涕呢？迅速地走出失落，以一个新的心态去迎接明天的太阳岂不是很好的选择吗？

施恩和雨燕在大学里就确立了恋爱的关系。在学校里，两个人一起上课、读书、逛街，校园的林荫道上经常见到这对亲密的情侣手牵着手散步。食堂里也经常出现两张写满幸福的笑脸。四年里的花前月下让这对心心相印的年轻人对未来充满了无限美好的期待和渴望。

毕业后，两个人在同一所城市里工作。每到下班后，两个人回到租的房子里度过甜蜜的二人世界。为一道菜该不该放醋而打情；一起坐在客厅里看电视，为一句笑话台词而骂俏；没有惊喜浪漫，也没有恼怒争吵，经营着简单的幸福。

到了谈婚论嫁的年龄了，两个人决定告诉双方的父母。可是，雨燕的父母知道施恩只是一个穷小子时，无论如何也不同意把自己的宝贝女儿嫁过去受苦。雨燕苦苦哀求，可是两位老人却并没有松口，后来还把她骗回家，想通过隔绝两个人的联系来让雨燕忘掉施恩，结束这桩门不当户不对的婚姻。然而，天性倔强的雨燕却不愿意任由父母摆布，几次三番地试图逃出。父母看到后，决定让她出国留学，让这对痴情人天各一方。雨燕依然选择了对抗，拒绝父母的安排。在争吵的僵持中，不觉已经过去了几个月。几个月里，手机被没收的雨燕一直和施恩没有联系。

有一天，雨燕的一个大学同学来看望她，带来了一个十分震惊的消息：心灰意冷的施恩放弃了这段没有结果的爱情，和一个乡下姑娘结婚了。这简直是晴天霹雳，雨燕呆住了。想起大学时两个人的恩恩爱爱，又想到以后再也不能和施恩在一起了，心痛的好像针扎一样，对这个在自己面前说过无数次甜言蜜语的家伙充满了痛恨。自己苦苦地等待和抗争，全部失去了意义，一切的一切都在验证着“痴情女子负情汉”的古老俗语。痛苦不堪的雨燕在以泪洗面几日之后，感到生活充满了阴暗，人间充斥着阴险，最终在一个夜晚用一瓶安眠药结束了自己的生命。

“背不动，就放下”，这是一句至理名言。无法挽回的爱情就是沉重的包袱，你又何必背负着它苦苦挣扎呢？昨天的伤口已经绽开，鲜血流过悲伤的胸膛，痛苦流泪和心碎的绝望干扰着你的情绪，当灵魂蒙上阴影的时候，你是否想过如何愈合自己的伤口，早日摆脱心头的阴霾？

宽恕，宽恕你曾经爱过也恨过的人、宽恕这段感情、同时也宽恕你自己。现在让你痛不欲生的事，在时间的治疗下也会慢慢变淡。若干年后，当你洗过澡后，穿着一身宽松的衣服，坐在躺椅上凝视漫天夕阳的时候，心中再泛起这段感情，有的，只是一种淡淡的忧伤和甜蜜。

6.爱她，就给她自由

爱不在就放手，别变成负累。

不是每一朵花都能够如期地开放，也并非每一朵开过的花都能结出果实来。对于感情来说，当你爱一个人而得不到回报的时候，在你付出千般努力也无法得到一个许诺的时候，在你因爱而受伤的时候，千万不要继续与自己再较劲了，要学会放手，给彼此自由。否则，带给你的只有无尽的痛苦和烦恼。

有一个男孩和女孩在一起6年了，女孩一直以为他们可以相爱到天长地久，海枯石烂。可是，就在她为他们的感情而憧憬幸福时，男孩却向女孩提出了分手。一时间，女孩觉得她的天塌了，她崩溃了。她跑到男孩的单位质问男孩为什么，男孩只是简单地说不爱了，说他们彼此在一起太累了。

女孩很是伤心，每天都以泪洗面，她还是不愿相信两个人的感情就这样没了。于是经常给男孩打电话，诉说她对他的思念之情，男孩很烦，但是女孩依然不放弃。

到后来，男孩似乎很快就开始了一段新的感情，并没有把女孩的悲伤放在心上，女孩很是伤心，到男孩的单位中大叫大骂，最终男孩因为忍受不了女孩的过分纠缠，一气之下就将女孩杀害了。

因为女孩不懂得放弃，最终使爱成为一种伤害，是得不偿失的，也是十分遗憾的。所以在生活中，当爱成为彼此间的一种束缚时，一定要学会放手，给彼此充分的自由，这样才能在对方面前保持起码的自尊，才能让爱成为生命中一种永恒的美丽。

给对方自由，也是给你自己一份快乐与自由。要知道，人世间曾有太多的令人心碎的安排，过于执著只会给彼此带来一种疼痛、一种悲哀、一种伤害。所以，我们还是顺其自然吧！退一步海阔天空，学会放手，学会给予对方自由！给他爱你的自由，也给他不爱的自由，这样，不也正是一种美丽吗？

要知道，生命的灿烂与辉煌并不是只有一个地方拥有，只要释然一些，放下过去，用一颗感恩的心看待过去并希冀未来，你终究会看到另样的一番风景的。天涯何处无芳草，人间自有真情在，自己的柔情一定会有人读懂。既然双方都疲惫了，不妨让彼此都休息一下，别在失去感情的同时，也失去了自尊。这时候，你可以静静地坐下来，抬头看看天，看看树，再洗把脸，听支歌，读一段小诗，梳梳头发，照照镜子，看看里面的那双眼睛是不是还过于炽热。告诉自己：你并没有失去什么，那些不属于自己的东西是注定得不到的。

从前，有个书生在进京赶考前与他的未婚妻约好，等他回来后，就于某年某月某日与其结婚。

几个月过去了，书生从京城赶考回来了，而他的未婚妻却嫁给了别人。书生很受打击，心里难过极了，从此就一病不起。

这时候，书生家门前路过一个僧人，说自己可以看好他的病，书生就让他进了家门。僧人没有给书生把脉、开药方，而是从怀中拿出一面镜子给他看。镜中一片茫茫大海，一名遇害的女子一丝不挂地躺在海滩上，旁边路过了许多人，但是这些人都是看一眼，摇摇头，就走开了。

又路过一个人，将自己的衣服脱下来，把女尸体盖上后就走开了。一会儿，又经过一个人，走过去，挖了一个坑，并小心翼翼将女尸体掩埋了。

书生十分惊愕，那僧人却对书生解释道："那具海滩上的女尸，就是你未婚妻的前世。而你就是那个曾经给过她一件衣服的人。她今生只有缘与你相恋，只为还你一个人情。但是，她最终要报答一生一世的人是前世曾将她掩埋的那个人，那个人就是她现在的丈夫。"书生随即大悟。

看了这个故事也许你会感到释然。是的，有些东西是注定不属于自己的，何必要苦苦与命运抗争呢？这个世界上没有永远的激情，没有一成不变的事物。人生好似花开花落，周而复始，没有永远不凋谢的花朵，没有永恒不变的感情。真爱一个人，不一定要拥有；真正的爱情，也不一定就会天长地久。如果你爱一只鸟，就给它飞翔的自由，给它享受蓝天的自由，给它品味风雨的自由；爱一个人，给他爱的自由，给对方选择的自由和拒绝的自由，这是爱情的最高境界。

人生的风景并不是只有一处，在你为逝去的美景哭泣的时候，眼前可能是一幅更美的画卷。不要沉醉于过去的情感，失去了意味着这段情感不适合你，一段更好的感情正在等待你。不回过头，你怎能看到眼前的美景？不放下过去，你怎么会获得自由？

人生犹如一部戏，我们每个人都是戏里的主角，每个人都不可能把自己的角色演到极致，而不留一丝遗憾，没有遗憾的人生不是完整的人生。放下过去，还给彼此自由，让彼此生活得更好，这才是真正一段完美的感情。所以，当你被某些事情缠绕得心力交瘁的时候，一定要告诉自己：只有放下，才能重获快乐和自由！

7.得失随缘，心无增减

云散则见皓月当空，水枯则见明珠出现。

人生在世，有得必有失，这是人们共知的道理。但现实生活中，却有人却想不明白这一点，只要涉及个人利益得失之事，总少不了要去争、要去斗，要从争斗中得到更多。殊不知，这种做法总会给人带来莫名其妙的烦恼，难以言状的痛苦，排解不掉的忧愁。

人无完人，事无完美，得失常有，而开心却不常有。每一种事情不管是“开花”还是“枯萎”都有它的道理，如果你为了“常在的失去”而影响了自己的心情，就得不偿失了。

有一天，许宁与自己多年的好友一起喝酒。好友郁郁寡欢，愁绪万千之状，许宁急忙询问其中原因。原来，这位朋友由于到了退休年龄，马上要离任了。

见朋友满腔哀怨，许宁劝他：“解甲归田，是好事情呀！你离任了，至少说明你以后再也不必应付酒桌上的事情了，你就不再因为人情而伤肝损胃了，也不必再去注意别人的脸色了。有了激流勇退，多了让贤美名，其不两全其美！”

看到好友愁眉渐疏，许宁进一步说：“我有一个朋友，他的父亲职至高位。其退位当天便回到家中吃饭，看着饭桌上的青菜、萝卜、豆腐，由衷的一声感言‘解脱了’。老人退位后，虽然没有了昔日的喧嚣，却有了属于他自己真正喜爱的书法、易经、圆口平底布鞋。近日得见，老人虽已近80岁高龄，却端坐在电脑桌前，只听键盘嘀嘀嗒嗒声响不断。与老人比，你不应该再豁达一些吗?”

许宁的话，让朋友哑然失笑。许宁继续道：“人生真如草木春秋，何苦要身心疲惫一世呢！太阳永远都是东升西落，长江后浪推前浪是必然的自然规律。年龄大了，还有‘用青春赌明天’的本钱吗?”

过了许久，朋友才重新说话。他一把握住了许宁的手，激动地说：“谢谢你了！要不是你，我现在还在纠结，还是不能学会放弃呢!”临行前，他又要了一瓶“舍得”酒，并天真地说：“这酒名曰‘舍得’，看来，我是应该好好品品它了!”说完，豪爽的笑声响了起来。

生活有时就是这么残酷，它会逼迫你交出权力、放走机遇，甚至会使你失去爱情、亲情。而这都是自然规律，既然无法回避，那么我们不妨学着接受，因为失去的毕竟是失去了，再也找不回来了，而我们唯一可以把握的是自己的心情。

世界有太多的无奈，我们不得不面对，如果我们一直都在埋怨上天对我们不公，一直抱怨现实太残酷，那么我们又何时能回过头来去过自己想要的人生。做人要学会自己调整自己，因为这个世界上，得失是随时存在的，而快乐的心情却唯有自己才能给予。

有一位老人特别喜爱花草，尤其甚爱家中那盆养了几十年的兰花。有一次，他有事情，要出去一段时间。他再三考虑，就打算将那盆自己甚爱的兰花托付给邻居来照看。

邻居知道老人最喜欢这盆兰花了，所以也是悉心照顾，一刻也不得闲。结果由于邻居缺乏养花知识，没几天花就自己焉了，又过了几天，花就完全枯萎了。

邻居很是感到难过和愧疚，打算等老人回来给他赔罪、道歉。老人回到家后，听到邻居的话，却完全没有生气，只是笑着说："我养兰花，是陶冶情操的，既然它死去了，也是它的命数到了，不必为此而感到难过。"

世间的得失都有其一定的道理，只要自己努力过了，就不必再为失去而影响了自己的心情。否则，还不如不去尝试呢！

人生在世，得失是人之常理，也是自然规律，我们不必为之而耿耿于怀。你要知道，有失就必有得，你失去了权位和利益，却能得到平静、快乐的生活。失去不可挽回，但是开心却是自己可以去把握的，为此，我们在功名利禄方面的得失，应该坦然一些，豁达一些，千万不可太介意、太看重，毕竟快乐才是人生的真谛。

8.没有缺憾的人生，不算完美

生命中总会有20分的缺憾，若将这些缺憾化为动力，就会燃起生命的激情。

在生活中，你是否会因为自己比别人矮而自卑？你是否为自己缺乏健美的身材而气愤不已？你还在因为自己某方面的缺憾而自怨自怜吗？……如果是的话，马上改变你的想法。因为每个人都是不尽完美的，有缺陷没什么可怕的，可怕的是我们消极的观念。只有乐观地面对，才能将缺憾变成我们奋斗的动力，才能收获快乐的阳光。

小富兰克林·罗斯福天生口吃，说话断断续续而且含糊不清，而且天生容易紧张，每当有人与他说话，他的脸上总是表现出极为惊恐的表情，而且全身不时地会发抖。

和他同龄的小朋友如果遇到这种情形，定会拒绝各种活动，也可能会离群索居，不会与别人交往，只会顾影自怜，唉声叹气。然而，小罗斯福却并没有这样做，虽然天生容易紧张，但是他能够积极地面对人群，即便是同伴们嘲笑他，他也会不以为然。每次在紧张时，他会坚定地对自己说："只要我用力地咬紧牙关，努力不颤动，不久我就能克服紧张的情绪了！"

小小年纪的罗斯福，每天总能够坚定地告诉自己说："这些缺陷算不了什么，咬咬牙努力克服，就能收获生命的精彩！"每当看到其他的小朋友活力十足地参与各种公共活动时，他都要强迫自己参加，无论自己的口吃会招致多少人的反感！当恐惧产生时，他都会对自己说："我一定能行！"渐渐地，他克服了自己的这些生理缺陷，并且凭着他对自己的这种奋斗精神与自信，最终成为美国第32任总统。

对此，他说："交朋友是一件极为快乐的事情，只要我用快乐的态度与人交往，即便本身的外在形貌再差，人们也仍然会愿意与我交往的。因为每个人都喜欢快乐，不是吗？"

面对生理上的缺陷，罗斯福并没有陷入悲伤之中，而是将之转化为生命前进的动力，最终收获了成功和快乐的阳光。所以，我们不要因为身上的缺陷而自暴自弃、悲观厌世，因为除了你自己，没有人会刻意注意你的缺陷，只要让心中充满自信，一样能够获得精神上的自由与快乐。

如果面对这些先天的缺陷，你还认为自己很不幸，那就再想想海伦·凯勒的人生经历吧！又有谁能比一个又聋又哑又瞎的女孩更为不幸呢？在不幸面前，她没有气妥，更没有悲观，而是利用自己有限的资源，最终成为美国著名的作家。

面对缺憾，我们能做的，就是坦然接受。即使我们暴躁地摔东西，那也是于事无补，伤痕并不能自动愈合。但是，你的生活却并不会因为这些遗憾的存在而消失，只要你愿意，你随时可以发现，它们就在身边。别人怎么看自己不重要，重要的是自己敢于接受曾经的痛苦，这样你才能重新找到快乐，甚至扭转别人对你的看法。

如果你真的难于走出困境，那么你不妨求助于朋友或心理医师。失意的时候，人最需要就是开导。朋友、家人温馨的话，会让你平复心海浊浪，淡化你失意的烦恼。不过，别人的开导只是辅助的，真正达到心平气和还需要我们进行自我调整。最重要的，还是坦诚面对伤痕，敢于接受曾经的伤痛，这样，生活的阳光才能照进心田。

第三辑

刚柔并济，你的世界充满谦和

“天下柔弱莫过于水，而攻坚强者莫之能胜。”水能滋润万物，亦可无坚不摧。人生在世，待人接物，不可处处炫耀、目中无人，而应审时度势，刚柔并用，这样才能拥有超凡脱俗的气质和势不可挡的力量。

1.抱怨世界，不如改变自己

你不能改变世界，就要改变自己。

俄国最伟大的文学家托尔斯泰说：“世界上有两种人：一种是观望者，一种是行动者。”前一种人总是抱怨自己周围的环境有多么地不尽如人意，阻碍了自己的发展。工作丢了，怪领导没眼光；人情冷漠，怪同事不友善；住房不好，交通不便，行业前景不佳……将这些责任一股脑儿都推给社会，总是苛求客观因素的不如意，而自己像完全没事人似的，主观上不作为。随着岁月的流逝，年龄的增长，终才发现自己一事无成。而后一种人，从来不埋怨现实的残酷，只是用自身的行动去努力地适应环境，在前进的道路上不畏艰险，最终做出成绩来。

生活中难免有不如意之事，若你想抱怨，生活中一切都会成为你抱怨的对象；若你不抱怨，生活中的一切都不会让你抱怨。因为，环境不会因你的抱怨就马上变化，所以当事实摆在面前的时候，你不应该一味地去抱怨，而要靠自己的努力来适应现状，并用行动去改变现状。这样才能祛除内心的不满。

很久以前，在非洲的一个国家，人们不穿鞋，都是赤着脚走路的。

有一位国君到某个偏僻的乡间旅行，因为路面崎岖不平，有很多碎石头，刺得他的脚又痛又麻。国君回到王宫后，随即下了一道命令，要将国内的所有道路都铺上一层牛皮。他也认为这是一件利国利民的好事，不只是为了自己，还可造福他的子民，这样人走路时就不再受刺痛之苦了。

可是国土辽阔，就算是杀光全国的牛，也筹措不到足够的皮革，而所花费的金钱、动用的人力，更是不计其数。人们尽管知道这个事情不但难做到，而且还相当愚蠢，可谁也不敢违抗国君的命令，人们也只能摇头叹息。

后来，有一位聪明的仆人大胆向国君提出谏言："国君啊！为什么你要劳师动众，牺牲那么多头牛，花费那么多金钱呢？您何不用两小片牛皮包住您的脚呀？"国君听了非常高兴，当下领悟，于是立刻收回成命，采纳了这个建议。这就是"皮鞋"的由来。

也许我们不能改变世界，但是我们可以改变自己。如果你现在生活的环境让你感到不适应，不要抱怨，而是要首先改变自己，用爱心和智慧来面对这一切，要努力适应环境，而不是环境适应你。

古希腊哲学家柏拉图告诉弟子自己会移山术，弟子们于是纷纷请教方法。他笑着说道："很简单，山若不过来，我就过去。"弟子们听了都目瞪口呆。其实，这世界上根本没有什么移山之术，唯一能够移山的秘诀就是：山不过来，我便过去。一样的道理，当我们无法改变自己所处的环境时，那么就不妨改变自己。

每个人都可以选择自己生存的环境，你可以选择屈服，也可以使自己变得更加坚强。反过来说，你也可以选择改变环境，让环境因你而改变。改变环境还是改变自己？这一切的结果只在于你是怎样想的。

一个刚踏入社会的年轻人，经常向周围的人抱怨他的生活，总觉得事事都太艰难。

于是，他就去请教一位智者说："我认为自己快崩溃了，不知道该如何应付生活，对一切都很迷茫，觉得生活和学习的压力已经超过了自己所能承受的极限了。"

智者笑而不语，将他带进厨房中，分别往两口锅里倒了一些水，然后将它们放在旺火上烧。过了一会儿，锅里的水烧开了。他往一只锅里放了一只胡萝卜，第二只锅里放入了一个鸡蛋。然后又分别盖上锅盖开始煮。年轻人很是不明白对方的意思，心中很是纳闷。

大约过了15分钟后，智者将火全部关了，把胡萝卜、鸡蛋捞出来放在一个盘子里。做完这些后，他才转过身问年轻人："你看见了什么？"

"胡萝卜、鸡蛋。"年轻人这样回答。

智者让年轻人用手摸摸它们，年轻人就试着做了。

智者接着说："胡萝卜在入锅之前是毫不示弱的，它非常结实，但被开水煮过后，它却变软了，变弱了；鸡蛋原本易碎，它薄薄的外壳保护着它呈液体的内脏，但是经开水一煮，它的内脏变硬了，变得更坚强了。"

生活如海上行舟，并不能一帆风顺的，每个人都会遇到这样或那样的困境。

在困境面前，每个人都有权决定自己的态度和前途，假如你学胡萝卜那么你将会被自己所处的环境打败；假如你学鸡蛋那么你也会因环境而变得坚强。处于什么样的环境并不重要，重要的是你的选择：是选择一味抱怨，软弱地屈服于环境，还是用毅力去适应环境，使自己变得更为强大。

漫漫人生，人需要不断地去适应环境。如果不能改变环境，就改变自己。只有这样，才能克服更多的困难，战胜更多的挫折，实现自己的目标。如果你不能看到自己的缺点与不足，只是一味地去苛求周围的环境，或将改变境遇的希望寄托在改换环境方面，实在是劳心劳神，而又是徒劳无益的事情。

2.面对不如意，要选择坚强

在心田埋下希望的种子。

在人生的道路上，困难和挫折是让我们避之不及的东西，人生难料，生活中充满了太多的变数。当我们遇到逆境时，千万不要沮丧抑郁，无论发生什么事情，无论你有多么痛苦，都不要沉溺其中，不能自拔。陆游有诗：“山重水复疑无路，柳暗花明又一村。”在这个世界上，很多种情况下，人所处的绝境，并不是真正的生命绝境，而是一种精神和信念的绝境，你的精神和信念永远不要垮下，在绝望中，也仍要追寻希望之星。

即使今天的机会全部丧失、一切的希望全都落空、所有的依靠只是一棵救命的稻草、面临着全盘皆输的困境，但至少生命还在、明天还在，需要做的不

是绝望后的无奈，而是满怀激情地等待明天竞技场上的重新洗牌。坚持着，将眼前的无奈痛苦和困顿都远远地抛开，把所有的不如意都踩在脚下，垫高生命的高度，抬起头来看看明天的风景，想想战胜失败后的心情。冬天来了，春天还会远吗？最黑暗的时刻也就昭示着黎明的脚步越来越近，明天一切都会好起来的。

每个人都有怀才不遇的时候，也有受压制被埋没的时候，但是，面对一时的困难和挫折，放弃心中的信念，脑海里写满绝望，那么生命也就失去了任何意义。人，不就是在一步一步的探索中逐渐成长的么？无论人生的前景多么黯淡，哪怕看不到一丝亮光，也要把希望的种子耐心珍藏。无论遭受多少艰辛，无论经历多少苦难，只要一个人的心中还怀着一粒希望的种子，那么总有一天，他能走出困境，让生命重新开花结果。

1933 年美国经济危机时，罗斯福总统说过一句话：“我们最害怕的就是‘害怕’二字，只要是我们有希望存在，就一定能够战胜眼前的困难。”其实，失败挫折并不可怕，可怕的是失败后对信心的失去。让我们感到绝望的只有“绝望”二字，如果以一种坚强的心态来面对一切的不如意，让“绝望”这个字眼对我们本身感到绝望，那么，我们的生活一定会充满欢乐和笑声的。

3.承受生命中的不幸

能够承受不幸和困境，才能尽享阳光雨露的滋润。

人生活在这个世界上，总会遇到这样或那样的烦心事，这些事也总是在不断地折磨着人的心，使人不得安稳。但是你要知道，正是这些磨难才使我们的生命变得更为坚强，也正是在与这些困境不断抗争的过程中，我们才体会到了生命的厚度，才使生命更显丰富和精彩。所以从一定意义上说，我们还要感谢生命中的这些不幸与磨难，也正是它们，才使我们的生命变得更为坚强，更为有意义。

我们可以试想：在人生的岔道口，你若选择了一条平坦的大道，你可能会过一种舒适而享乐的生活，这样会使你失去一个历练自己的机会；而若你选择了一条坎坷的小路，你的青春也许会充满痛苦，但人生的真谛也许就会从此被你打开。

蝴蝶的幼虫是在一个洞口极为狭小的茧中度过的。当它的生命要发生质的飞跃的时候，这个狭小的通道对它来讲无疑是如同鬼门关，那娇嫩的身躯必须要竭尽全力才可以破茧而出。许多幼虫在往外冲杀的时候力竭身亡，不幸成为飞翔的祭品。

有的人动了恻隐之心，企图将那幼虫的生命通道修得宽阔一些，他用剪刀将茧的洞口剪大一些。这样一来，所有受到帮助而见到天日的蝴蝶都不是真正的飞行精灵——它们无论如何也飞不起来，只能拖着丧失了飞翔功能的双翅在地上笨拙地慢慢爬行！原来，那“鬼门关”般的狭小茧洞恰恰是帮助蝴蝶幼虫两翼成长的关键所在：穿越的时候，通过用力挤压，血液才能被顺利地输送到蝶翼的组织中去，唯有两翼充血，蝴蝶才能振翅飞翔。人为地将茧沿剪大，蝴蝶的翼翅就没有了充血的机会，爬出来的蝴蝶便永远与飞翔绝缘了。

成长的过程恰似蝴蝶破茧的过程，在痛苦的挣扎中，意志得到磨炼，力量得到加强，心智得到提高，生命在痛苦中得到升华。当你从痛苦中走出来时，就会发现，你已经拥有了飞翔的力量。如果没有挫折，也许就会像那些受到“帮助”的蝴蝶一样，萎缩了双翼，平庸一生。

从前，有一位德高望重的渔夫，有着极为高超的捕鱼技术。渔夫因为自小就善于捕鱼，很早就为自己积累下了一大笔财富。然而随着年龄的增长，年老的渔夫却一点也不快活，因为他为自己的三个儿子发愁，三个儿子的捕鱼技术都极为平庸。

为此，他就向长年生活在海边的一位智者倾诉心中的苦闷：“我实在是弄不明白，我的捕鱼技术如此好，而我的三个儿子却为什么没有一个能成才的？我从他们懂事的时候就开始不停地把自己的捕鱼技术传授给他们，我从最基本的开始教起，总是告诉他们如何织网最结实，最容易捕到鱼，怎样划船才不会惊动水里边的鱼，怎样下网最容易请鱼入翁。等他们长大后，我又传授给他们如何识潮汐、辨鱼汛……凡是我多年来辛辛苦苦积累出来的经验，我都毫无保留地传授给了他们，但是为何他们的捕鱼技术还不如海边那些普通渔民家的孩子们！”

智者听了他的话，便问道：“你一直是这样手把手亲自教他们的吗？”

“是呀，为了让他们学会一流的捕鱼技术，我教得很是仔细，很是认真，从来没保留什么！”渔夫回答。

“他们也一直跟随你吗？”智者又问道。

“是的，为了让他们少走弯路，我一直让他们跟着我学习。”渔夫说道。

智者说：“这样说来，你的儿子们的捕鱼技术就不会好到哪里去！你只知道传授给他们捕鱼技术，却从来没有传授给他们教训，也不让他们亲自下海多演练，没有历经任何艰险，如何能准确地领悟到你的那些经验呢？”

是啊，渔夫的儿子们从来没有经历过任何磨难，没有遇到过任何挫折，他们如何能获得成长呢？在生活中，只有经历磨难的人，才能更快、更好地成长，生命也只能在不幸与困境中得到升华。在人的一生中，总会遇到灾难、失业、失恋、离婚、破产、疾病等各种各样的厄运，即便你比较幸运，没有遭遇，也可能会遇到来自生活的各种各样的压力和烦心事，当你面临或遭遇他们的时候，一定要用一颗感恩的心去拥抱他们，正是他们才给了你更多成长和锻炼的机会，让你以更为坚强的心态去面对生活中的一切。

事实就是这样，没有经历过风雨折磨的禾苗永远结不出饱满的果实，没有经历过挫折的雄鹰永远不能高飞，没有经历过磨难的士兵永远当上不元帅……这些就是自然界告诉我们的一个极为简单的真理：一切事物如果要变得更为坚强，就必须要经历一些不幸和困境。

4.面对别人的评论，要释然

以内心深处的标准衡量自己，方知得失进退。

在生活中，我们常常会不自觉地在乎世俗人的眼光，为了得到别人的满意，我们可谓费尽心机：我们小心翼翼地关注别人的眼光，猜测别人的想法，猜想别人的评判……并小心翼翼地行事，唯恐别人指责。但是，即便我们这样小心，还会有人不满意，所以我们又开始为此伤神。其实在很多时候，我们要完成一项事情根本花不了太多的时间，但是因为太在意别人的眼光了，所以将自己搞得身心疲惫。

一个农夫与他的儿子，共同赶着一头驴到附近的市场去做买卖。没走多远，就看见一群姑娘在路边边说边笑。其中一个姑娘大声对他们喊道："嘿，快瞧，你们见过像他们这样的傻瓜吗？有驴子不骑，宁愿自己走路。"农夫听到这话，心中很是在意，立刻就让儿子骑上了驴，而自己则高兴地在后面跟着走。

一会儿，他们又遇见一群老人正在看着他们，并哀叹道："你们看见了吗？现在的老人可真是可怜。看那个懒惰的孩子一点都不孝顺，自己只顾骑着驴，却让年老的父亲在地上走路。"农夫听到这话，连忙就让儿子下来，自己又骑上去。

没走多远，他们父子俩又遇上一群妇女和孩子，几位妇女七嘴八舌地乱喊乱叫着："嘿，你们瞧远处那个狠心的老家伙，他怎么能自己骑着驴，让自己那可怜的孩子跟在后面走呢？"农夫听罢，又立刻叫儿子上来，与他一同骑在驴的背上。

将到市场时，一群城里的人大声叫道："大家来瞧，这头驴多惨啊，竟然驮着两个人，这头驴是他们自己的吗?"另一个人又插嘴道："哦，谁能想到他们这么骑驴，瞧驴都累得气喘吁吁了。"听罢这话，农夫和儿子急忙从驴上跳下来，就用绳子捆上驴的腿，找了一根棍子将这头驴抬起来卖力地向前赶路。

当他们使出了浑身的劲将这头驴抬过闹市入口的小桥上时，又引起了桥头上一群人的哄笑。当时驴子受了惊吓，挣脱了捆绑撒腿就跑，不想却失足落入河中。农夫当时既懊恼又羞愧，最终空手而归。

农夫因为太在乎别人的眼光，被别人的评论所支配，到最后得到的只是懊恼和羞愧。在现实生活中，许多人也会如农夫一样，别人如何说，他就怎么去做，结果只会弄得周围的人都有意见，且谁都不满意。

其实，爱以别人的标准来衡量自己的人，无非是想通过听取别人的意见，来获得更为和谐更为良好的人际关系。但是，你要知道，你周围有众多的人，你不可能做到让人人都满意，不可能让每一个人对我们都绽露笑容。通常的情况是：你顾及到这个人的感受，却有其他人对你产生不满，甚至根本不领情。每个人的利益是不一致的，每个人的立场，每个人的主观感受也是不同的，所以我们想做到面面俱到，不得罪任何人，又想讨好每一个人，是绝对不可能的!

就像那句老话所说："人非圣贤，孰能无过。"我们都会犯这样那样的错误。如果你还不能够理解这个事实的话，请想一想你会怎样对待你的朋友，你会不会因为一件小错就嘲笑他、鄙夷他，乃至抛弃他?恐怕你不会这样做而是去包容他、接受他、帮助他。那么就用这种态度对待你自己吧。你应该相信："即使我有缺点，我会犯错，但并不代表我一无是处。其他人很可能不会对我的错误介意。即使别人对我的错误无法容忍，也不代表我没有任何希望，只是说明我需要改正罢了。"

所以，对于别人的评论，我们应当学会释然。无论是在哪种场合，无论我们是否美若天仙，我们都不必活在矫情之中，活在别人的世界，处处担心别人怎么想自己、看待自己。而应该经常对自己说：“哦，没有人注意我，真好！”当你懂得了这种释然，你就会体会到什么才是真实的、无忧无虑的生活。

5.弯曲，是为了更好地站起

能屈能伸，才能安安稳稳。

世事纷繁复杂，一个人的力量是有限的，当我们承受不住来自生活的各方面压力的时候，就要学会弯曲低头。否则，不仅会使你身心疲惫，耗尽你的精力，也会为此付出极大的代价。

在一个阳光明媚的午后，一只美丽的花蝴蝶从敞开的窗子飞进了一幢漂亮的房子中，一圈又一圈不停地飞舞着，它的舞姿吸引了正在瞌睡中的主人，主人的目光顿时随着这只蝴蝶运动的曲线而飘移。飞了几分钟后，蝴蝶的舞姿越来越凌乱了，显然它是迷路了。

迷失方向的蝴蝶开始在屋子上空焦急地寻找出路，有好几次它差点就要飞出窗子了，但是它总是拼命地使自己往高飞，最终撞在窗子上空的天花板，它使尽全力为了让自己飞得更高、更远。但是它哪里知道，只要它飞得再低一些就会飞出窗子进入外面的世界。最终，这只因为在高空盘旋而不肯低飞的蝴蝶耗尽了全力，奄奄一息地落在地板上。

现实生活中，有很多人都会如这只蝴蝶一样，遇事不肯低头，结果不仅把自己搞得身心疲惫，还错失了光明的前程。人生在世，每个人都会遇到压力，当你承受不住的时候，不妨就灵活地弯曲一下，向生活低个头。做人虽然不可无傲骨，但为人处世也不能总是昂着头，那样只会让你错失脚下的美丽风景，甚至还会因看不清脚下的路而栽跟头。弯曲低头不是让你倒下，而是为了更好地站立。

千百年来，我们一直推崇“大雪压青松，青松挺且直”的精神，但是那些小枝干无法承受这样的压力时，它如果还要坚持“挺且直”，最终的结果只有一个，断枝夭折。那么，当身上的“积雪”压得自己喘不过气来的时候，不妨试着弯曲一下，抖落掉满身的浮雪，就可以为以后自己长成参天大树创造条件。

在生活和工作中也是如此，如果你一味地争强，不懂得适当地弯曲一下，最终可能就要走到崩溃的边缘了。

梅琳在一家著名的外资企业工作。3 年中，她一直都是领导眼中的好员工，工作负责认真、任劳任怨。可是最近她觉得自己快要崩溃了，甚至感觉如果再继续工作下去，就可能会疯掉。

为什么会这样呢？3 年前，梅琳从高校毕业后就得到了来这家外企工作的机会，由于机会难得，她极为珍惜。在平时生活中，只要是工作上的事情，她都事无巨细、一丝不苟。由于工作非常繁忙，所以她经常加班熬夜。有时候，由于工作任务太重，她还会因此而号啕大哭。

外企的待遇很高，在很多人的眼中，外企似乎是打工者的天堂。然而待遇高了，付出肯定是多的。如果不懂得提高自己的工作效率，分不清事情的轻重缓急，自然会被工作所累。

为了保住自己的工作，梅琳只好没日没夜地加班。这样的生活持续了 3 年，梅琳越来越累，一想到工作就会头痛。而且生活也越来越单调，没了爱好，没了朋友，没了乐趣，她都快要崩溃了。

工作对于她来说只能是疲于应付。主管每次派给她什么工作，她只管埋头苦干，感觉精神压力大极了，而且自己从来没有停下来想过自己这样做究竟是为了什么？她也从来不知道这样的生活如何才能解脱？

即使工作再有趣，也是一种付出，如果只是埋头苦干而不注意适当地“弯曲”下来休息一下，长时间的超负荷工作，就只会使你的心理崩溃了。如果她能适时地休息一下，享受一下生活中的其他乐趣，再重新找到工作和生活的目标，也许就不会觉得如此疲惫了。

在生活的道路上，弯曲低头是一种理智，是一种追求的韧性，一些弱小的生命为了避免过早地夭折和被毁灭，就会暂时放弃自己的欲望。而我们人类如果能适时弯曲低头，就能及时地卸去心灵中那份多余的沉重。

曾经有人问希腊大哲学家苏格拉底：“人们都说你是天底下最有学问的人，那我想请教你一个问题：请你告诉我，天与地之间的高度到底是多少？”听了这个问题，苏格拉底微笑着回答道：“不多不少，三尺！”“胡说，我们每个人都有四五尺高，天与地的高度只有三尺，那人还不把天给戳出许多窟窿？”哲学家笑着说：“因此，在这个世界上，凡是高度超过三尺的人，要能够长久地站立于天地之间，就要懂得弯曲呀！”尽管我们都是凡人，我们要想长久地站立于天地之间，要想获得真实的人生，就要学会弯曲，懂得弯曲，敢于弯曲。

那些为了满足内心的欲望，眼睛总是向生活高处看的人，不懂得适时弯腰的人，终会因撞上挫折的“门框”而弄得头破血流，终有一天要摔跟头，给自己带来不必要的伤害甚至牺牲。总有一天你会知道，在生活中，只有学会弯曲，懂得低头并且勇于向生活弯曲、低头的人，才能享受到生活的真谛，才能更好地保全自己，获得最终的成功。

6.多为朋友考虑点儿

友情需要细心维持。

世界上从来没有两片完全相同的树叶，也没有两个完全相同的人。每个人都有着与其他人不完全一样的爱好、性格和思想。人们本来就是互不重复的个体，性格也有三六九的高低不同之分。朋友只能和我们志同道合，在对待事情的分析和选择上却无法做到和我们永久一致。

在日常生活中，往往因为是朋友的关系而不注意对方的感受，比如在物品的处理中常常以为“朋友间何分彼此”，对朋友之物，在未经许可的情况下擅自使用，不加爱惜，或许对方不好意思指责，但时间久了会认为你过于放肆，产生防范心理，无形中产生隔阂。实际上，朋友之间除了友情，还有一种微妙的契约关系。朋友之间的物品可以随时借用，这是超出一般人关系的地方，然而要有这样一个观念：这是朋友的东西，更当加倍珍惜。不仅物品如此，其他方面也是同样的道理。

在交往中，要坚持有节制有理智的原则。朋友关系的存续是以相互尊重为前提的，容不得半点儿强求、干涉和控制。朋友之间再熟悉、再亲密，也不能肆无忌惮，毫无原则。否则，默契和平衡将被打破，友好关系将不复存在。因此，对待朋友也要讲究必要的客气，经常设身处地地体会朋友的处境。

袁枚是一个比较乐于助人富有热情的小姑娘，但是朋友们对她都敬而远之，搞得她特别郁闷。

有一次她的一位朋友穿着新买的西装参加聚会，别人都笑着恭维说："您今天真精神啊！"可是袁枚却在那里大声地喊道："大哥，您这是新买的衣服吗？那你可让人家给骗了！这款是去年流行过的啊！"话刚落音，发现那个朋友的脸色难看到了极点，别人也都感到很尴尬。聚会临近结束时，一位朋友写下自己的联系方式，别人都在夸奖他的字写得好看："您的签名可真气派，有空的时候给我写个条幅吧。"袁枚又不识相地来了一句："能不气派吗？他可暗地里练了三个月了！况且这是他写得最多的字。如果写别的，估计就不是这样啦！"此言一出，全场的人都陷入尴尬之中，最后聚会不欢而散。

口无遮拦倒也罢了，更要命的是袁枚的性格过于急躁。做事过于心急，稍微有些不合意就发小姐脾气，让别人感到很头疼。小时候，她就很没有耐心。她要的东西，必须马上就得到，否则就哭闹，弄得亲戚朋友都不喜欢她。上小学时，父母早晨都忙着上班，没时间给她梳头，她只好自己梳，行动匆忙，有时落下一绺头发没梳上去，她就气急败坏地一把拽下来。她的学习成绩名列前茅，同学遇到学习上的困难便向她请教。她在认真讲解了几遍之后，对方要是还是没有听明白，她就不耐烦地说："怎么还不明白呢？不就是这样吗？你的脑子是猪脑子啊？"结果惹得同学很不好受，再也不愿意找她来探讨问题。她也挺后悔自己的所作所为，不该这样，但一着急就控制不住了。当别人要她重复一下刚才讲过的一句话，她也会不耐烦地说："我都说过了，谁叫你没听？"做事也如此，不是把同学的杯子弄破了，就是把别人的东西弄丢了；骑车有时急匆匆的，下车就走，忘了锁，已经丢了两辆车。跟朋友争论问题出不了结果，就会发怒："算了，我不跟你吵，急死人了。"跟朋友一起走，假设朋友有点儿事，她就不耐烦地说："快点，这么磨蹭，麻烦死了。"就这样，朋友们一个个都离她而去，尽管她很热心，但谁也不愿请她帮忙，袁枚也只好生活在孤独之中了。

亨特曾经说过：“如果你想拥有一个成功的秘诀，那么这个秘诀就肯定是如何站在对方的立场上考虑问题。”站在对方的立场上想问题，是获得成功的技巧。为对方着想，能够让朋友获得尊重，在内心里感激自己，能够维护友谊的天长地久。只有为他人着想了，别人才会更多地考虑我们的处境和利益。最终得到实惠的还是自己。

7.让友谊地久天长

友谊之情，需要用宽容浇筑。

当我们要想处处碰到信赖和爱戴自己的朋友时，就要有一个宽容的心态为前提。用光明磊落的心去宽容别人的错误。“人情反复，世路崎岖。行去不处，须知退一步之法；行得去远，务加让三分之功。”世事难料，谁都有不如意的时候，朋友一时的背叛和冒犯下面，很可能是一种无奈。那么，这就要求我们要用一颗宽厚的心去对待朋友，将不愉快都抛却脑后，在道义和行动上给朋友以有力的帮助。

如果太看重自己一时的丝丝缕缕的得失，一个人的目光就会逐渐麻木，心中留下大片的阴影。或许，朋友的错误成为见死不救的理由，但是，看到弱者痛苦呻吟的时候，如果连微弱的同情和丝毫的给予都不愿意拿出的话，只能说明一个人的自私和冷酷。对朋友的错误不必耿耿于怀，人非圣贤孰能无过，每个人都有犯错误的时候。当朋友损害自己利益的时候，我们应该保持一种宽容的心态，这样，不仅仅使自己的灵魂得到解脱，同时一颗宽容的心也会拯救朋友堕落的心态。如果心里装的只有自己的利益和得失，那么也将会堵死自己所有可能的路，自己的灵魂也将堕落，那将是一个十分可怕而且十分可悲的下场。

陈洪涛是一名专业的会计师，在朋友张新广的公司上班。有一次为了凑齐炒股资金，便在公司的账本上做了手脚，使公司损失了几百万元，张新广心中十分苦闷，痛恨陈洪涛的卑鄙行为，向法院起诉，陈洪涛被判了刑。但是仍然觉得不解恨，每次醉酒之后都要痛恨自己瞎了眼和陈洪涛的狼心狗肺。陈洪涛知道自己害苦了老朋友，长时间来，心里有着一种负罪感。出狱后，多次打电话向张新广道歉。而张新广听到是他的声音，不由分说就把电话挂断。

张新广的妻子多次劝说他要宽宏大量，不能因为朋友一时的错误而耿耿于怀，何况当初如果没有这位朋友的帮忙，他们的公司也不会有如此大的规模。再者，陈洪涛是财经方面的人才，对他的生意还能有很大帮助的。张新广知道妻子说得很有道理，但是想到陈洪涛让他损失的几百万，又觉得没有必要和这位盗贼一样的朋友继续交往下去。因此，当电话再次响起的时候，张新广还是没有心思去接。

几个月的时间里，张新广一直在矛盾中苦恼着挣扎着。一会儿觉得应该原谅陈洪涛，毕竟他是一个专业的会计师，过去没少帮过自己的忙，一会儿又想，应该给这个吃里爬外的家伙一个狠狠的教训，如果再让他来岂不是引狼入室吗？后来，他的一位心理医生朋友告诉他：“这是一种比较常见的心理障碍。这种障碍严重地妨碍着你们两个人的关系，时间久了，也会妨碍与其他人的交往，你现在的焦虑和矛盾，属于一种躲避的现象，你必须要积极地去面对，消除这种心理障碍。”

张新广终于鼓起勇气，给陈洪涛打了一个电话，告诉陈洪涛明天可以到办公室见他。第二天，他们如期见面了，两双手终于握在了一起。两个人之间的谈话也非常的顺利，张新广非常诚挚地邀请陈洪涛再次来公司工作，急需陈洪涛帮助他管理财务。他说：“我知道你上次的苦衷，相信以后你再也不会辜负我了。”

陈洪涛在后来的工作中对张新广的公司尽心尽责，公司的生意越做越大，两个人的友谊也随之越来越深厚，在冰释前嫌之后，两个人成了真正的知己。

《菜根谭》里有句话说：“径路窄处，留一步与人行；滋味浓时，减三分让人尝。此是涉世的极乐。”在道路狭窄的地方，自己应该停下来让别人先行一步。有这个心态的人，他的人生必定是快乐而又安详的。事事包容，必能为自己的人生增色不少。不能因为朋友满足不了自己的需求，或者做了些对不起自己的事情，就怀恨在心。怨恨会扰乱我们正常的思维，引起急躁情绪，更会加深对朋友的误会，影响友谊的质量。换个角度想问题便增添一份理解，在友谊的道路上走的更长远。

8.谦和敬人者，人亦敬之

你想要别人怎么对待你，你就先要怎么对待别人。

交际就像一面镜子，你用怎样的方式对待别人，别人就会用怎样的方式回敬你。你对别人无礼，别人自然对你不敬；你尊敬别人，别人自然会对你彬彬有礼。事实上，人与人的交往，就是心与心的交流。

毫无疑问，人与人之间的关系是平等的，大家生来都是一样的，没有高低尊卑之分。但是，在后天的发展中，有的人目不识丁、生活艰辛，有的人则学富五车、家财万贯。即便这样，人与人之间的关系还是平等的。如果一个人倚仗自己有知识、有权力，就无视别人的尊严，他就无法得到别人的尊重。而文盲，平民，只要懂得自尊自爱，虚怀若谷，一样可以赢得别人的尊敬。

古时候，A和B是一对邻居，A的家境比较富有，B的家境比较贫穷。A常仗着家境富有在村里欺负那些家境贫穷的人，这样时间一长，村里人都对A恨之入骨，但又敢怒不敢言。B心地善良，常帮助被A欺负的那些人。

某一年，村里发洪水，大水冲了整个村子，村民们都躲在岩洞里。洪水过后，村里只剩下被冲的支离破碎的房子，所有的财产都被一冲而光。

官府派人送了些面粉给灾民充饥，A仗着以前家境富裕，依旧抢在最前头，但哪知被村民们轰到了一边去，村民们都将B推举到最前头，让B先挑先选。

一个人能否得到别人的尊敬与钱的多少并无直接关系，同样与名誉、权势、职位也没有关系。真正起重要作用的是他对别人的态度，敬人者，人亦敬之。

三国时期的刘备不以身份自重，能够礼贤下士，结交有才能的人，从而鼎立三国，名垂青史。

刘备本是一个卖草鞋的无名小卒，后来因功做了将军。他从徐庶和司马徽那里得知诸葛亮是个有学识、有才能，能治国安邦的贤才。于是，他和结义兄弟关羽、张飞带着礼物到隆中请诸葛亮出山辅佐他成大业。

他们先后三次拜访诸葛亮，前两次都没有见到人，无功而返。在第三次拜访时，诸葛亮终于露面了。刘备的真诚，以及对诸葛亮的尊敬打动了诸葛亮，最终答应出山。

当时的刘备身份显赫，而诸葛亮只是一个读书人而已，而且并没有显露出过于常人的治国才能。但是，刘备并没有用自己的高姿态和地位压制、威胁诸葛亮。相反，他放下面子，用至诚的敬意，最终请到诸葛亮。

刘备舍得面子，低姿态的处世方式不仅让他得到了“千古名相”诸葛亮的倾力帮助，而且也让他得到了大批人才。名士张松就是一个很好的例子。

张松是益州名士，他身材矮小、相貌丑陋，但智谋非凡。他原是西川刘璋手下的官员，但早有辅佐明主的打算。他曾画了一幅西川地图，将蜀中的山川险要、府城县乡等重要的地方都做了特殊记号，准备见机行事。

最初，张松准备投奔曹操。他去许都见曹操，并带上了西川地图，准备献给曹操。但是，曹操以貌取人，他见张松其貌不扬，身材矮小，就对他很冷淡。

后来，曹操一时兴起，邀请张松观看曹军演练。整个过程中，曹操一直向张松炫耀军容鼎盛，问他西川是否有这样规模的军队。张松先是表示西川没有这般规模的军队，曹操扬扬得意。但随后，张松开始反击。他用曹操的一些战败经历进行嘲讽，比如曹操濮阳攻吕布，宛城战张绣，割须弃袍于潼关等。曹操恼羞成怒，下令将张松赶出许都。

此后，张松取道荆州，准备去考察一下刘备。他刚到荆州边界，刘备手下的大将赵云就将其接到驿馆。随后，关羽也前来为他设宴接风，这让张松深受感动。

没过多久，刘备就带着诸葛亮、庞统等人亲自看望张松，一连设宴三天。刘备的礼贤下士感动了张松。于是，他留下来辅佐刘备，劝说刘备去攻取西川。他表示愿意做内应，将自己绘制的西川地图献给了刘备，并将好友法正、孟达推荐给刘备。这两个人都是很有才能的人才，尤其法正，对刘备以后成就大业起到了举足轻重的作用。

刘备并没有用金钱、权势收买人心，就拥有了诸葛亮、张松等才能出众的治国人才。他依靠的是人格魅力：舍得面子，为人谦卑，处处敬重他人，从而成就大业。谦和敬人者，人亦敬之。

第四辑
淡欲知足，你的世界充满简单

“祸莫大于不知足。” 欲望无止境，知足常乐。红尘纷扰，面对繁华诱惑，拥一份祥和，拥一份淡定，才能从容平静地来过。当你能驱除贪念，满足所拥有的一切，就能幸福快乐，享受至简至淡的美好。

1.你简单，生活也简单

一复杂就痛苦，一简单就快乐。

在大多数情况下，我们面对着复杂的社会环境和生活，犹如背负着千钧的重担，感到疲惫甚至窒息。其实，这一切只是一个表面的现象，只是因为我们的心灵被束缚了，被一个沉重的枷锁拷审。红尘浮世中，人一复杂就痛苦，人一简单就快乐。无论外部的力量有多么强大，无论出现在什么时候，只要用一个简单的心态来看待它，这些沉重的担子就会变得很轻。它们的好坏，取决于

一个人的思想和认识，保持一份轻松和简单，生活也就会变得轻松起来。

人有时想得到的太多，而自己的能力很难达到，所以我们便感到失望与不满。其实，静下心来仔细想想，生活中的许多事情，并不是你的能力不强，恰恰是因为你那复杂的心灵和没有边际的欲望所造成的。太多的欲望反而束缚了自己的手脚，使得本来简单的事情复杂化了，凭空给自己的人生增添了许多不必要的烦恼。

亚历山大大帝在进军亚细亚之前，路过著名的朱庇特神庙。关于朱庇特神庙有个著名的预言：谁能够将朱庇特神庙的一连串的绳结打开，谁也就能够成为亚细亚的统治者。在亚历山大大帝到来之前，这个绳结已经难倒了很多国家的智者和国王。亚历山大大帝满怀期待而又怀着忐忑的心情来到绳结前。

这个绳结的设计果然是天衣无缝，无懈可击，用一般的方法很难打开。亚历山大大帝用尽了各种方法之后都不能解开。最后，他把剑一挥，绳结被一劈两半，这个困惑了世人几百年的难题就这样极其轻松地被解决了，亚历山大也因此成为亚细亚的帝王，众人心服口服。

紧张忙碌的生活节奏，很容易让人的心境失去平衡。色彩纷呈的世界充满了无穷无尽的诱惑，如果沉浸在患得患失的心情当中，就会感到心力交瘁、迷茫躁动。只有保持一颗宁静简单的心灵，不眼热权势显赫，不眼红金山银海，不奢求万人瞩目，不羡慕香车美女，那么，生命中就不会出现负荷，处处充满蓝天白云。

孙琳大学毕业后如愿以偿地到当地的《城市晚报》做记者。这天，他的上司交给他一个任务：采访优秀检察官关为民。

初来乍到就能够接到如此重要的采访任务，充分证明了领导对孙琳的重视。

但是孙琳却无法高兴起来，而是愁眉不展。毕竟《城市晚报》在这个城市当中只是一个一般的报纸，而自己也只是一个刚刚出道、名不见经传的小记者，怎么有资格去采访赫赫有名的大检察官关为民呢？他向同事赵阳倾诉自己的苦恼。赵阳拍拍他的肩膀，说："我很理解你。让我来打个比方，你现在好比躲在阴暗的房子里，然后想象外面的阳光多么炽烈。其实，最简单有效的办法就是往外跨出第一步。"

赵阳用桌上的电话，拨通了关为民的办公室电话，直截了当地提出了他的要求："我是《城市晚报》新闻部记者孙琳，我奉命采访您，不知您明天能不能抽出时间接受采访?"站在旁边的孙琳听了吓了一跳。赵阳一边打电话，一边向他扮鬼脸。接着，孙琳听到了他的答话："谢谢您。明天下午1点半，我准时到。"

"瞧，直接向他说出你的想法，一切问题就迎刃而解了，"赵阳向孙琳扬扬话筒，"明天下午1点半，别忘了你的采访时间。"一直在旁边看着整个过程的孙琳面色放缓，他终于明白，有许多事情其实很简单，只是我们自己把它想得过于复杂了，因此也就丧失了机会。

"生于忧患，死于安乐"的生活态度并不是我们想象中的那样整日在忧心忡忡中度过，孟子说这句话的时候也在鼓励着人们用积极的心态去解决眼前的困难。人生路漫漫，磨难和挫折会在我们毫无准备的情况下不请自来，只要我们能够处之坦然，就不会在消沉中徘徊。坦然地面对生活，哪怕荆棘遍地，只要播下成功的种子，拥有美好的希望，即使乌云密布的天空也能采撷到一抹美丽的朝霞。

2.少欲望，人生才能减少烦恼

内心清净绝尘劳。

欲望是内心不清净的根源，欲望多的人，贪心就重，也很容易患得患失。为此，他们的内心必然会产生诸多的冲突与矛盾，而冲突和矛盾会将人置于不断的焦虑与烦恼之中。

有一位老妇人每天都唉声叹气的，感到很烦恼。一位智者问她为何每天都心情极其沮丧，她就说："我有两个女儿，大女儿嫁给了一个开洗衣作坊的人，二女儿嫁给卖雨伞的。到天气下雨的时候我就为我开洗衣坊的女儿担心，担心她的衣服晾不干；到晴天的时候我担心我那卖雨伞的女儿，怕她的雨伞卖不出去。"

智者闻言，对她说道："您这是在自寻烦恼。其实，您的福气很好，下雨天，您二女儿家顾客盈门；天晴时，你大女儿家生意兴隆。对于您来说，哪一天都有好消息呀！您没必要天天烦恼呀！"

老太太听了这样的话，心里便轻松了一些。

人生本没有烦恼，所有的烦恼都是由人内心的欲望所生！老妇人由于贪求太多，想在下雨天让大女儿的生意好起来，想在天晴时让二女儿的生意也好起来，所以才烦恼不止。最终在智者的开导下，她放下了心中的欲望，那一刻的她烦恼减少了很多，心里也感到了轻松。

每个人可能都有这样的体会：当我们在年少的时候，因为无所求，所以会感到轻松、快乐。成年后，因为要面对太多的世事和诱惑，心中的欲望就越来越多，为了满足自己，我们每天都在不停地捡拾，自以为装进去的都是好东西，殊不知捡起来的恰恰是无尽的烦恼。慢慢地，我们心中承受的东西越来越多，想拥有钱财、美色、饮食，想拥有权力、名望……凡是触及到我们生活的东西，我们都想拥有，而这些欲望一旦得不到满足之时，我们的内心就会变得沉重，心里塞满了烦恼，快乐自然也就消失了。所以说，欲望是一切烦恼的根源，只有杜绝了心中的欲望，一切烦恼才会消失。

可能有人会说，如果完全没有欲望，人类如何进步呢？的确，欲望是人类进步的原始动力，如果没有欲望，也就没有人类的今天。所以，我们不能因为欲望能产生烦恼，就“存天理，灭人欲”，关键是我们如何控制好自身的欲望，使欲望既合理存在，又能减少我们心中的烦恼。那么我们应如何去做呢？

要使欲望对我们发挥更为积极的作用，一定要控制好欲望的“度”，不应把目标定得太高。我们自小可能都受这样的一种教育理念影响：“王侯将相宁有种乎？”“不想当元帅的士兵不是好士兵。”其实，这些话作为励志教育很好，但作为人生的目标明显有些太“过”，王侯将相、元帅等，世上能有几人？大千世界还是普通人占大多数。如果目标定得过高，好高骛远，一旦实现不了，烦恼自然就来了。

同时，我们也要把握好实现自身欲望的手段。实现欲望的手段一定要是正确的，要以不侵犯大多数人的利益为前提。否则，你要满足欲望所遇到的阻力自然就会多出很多，烦恼也必然会多出许多。

另外，在实现自身欲望的过程中要懂得分享。一个不懂得与他人分享的人，在成功之路上是走不远的。因为一个人再有能力，总不能囊括天下所有事情，做起事情自然会因负累太多而失败。在很多情况下，分享成果的过程，也是让他人为你分担烦恼的过程。所以，不管在任何时候，一定要懂得分享。

所谓欲望烦恼产生的根源，没有欲望也就没有烦恼，这话的确是真的。但是作为一个凡夫俗子，生活中或多或少都会有欲望，但是只要我们把握好欲望的“度”，才不至于使自己的内心负累太多。

3.内心清明，才不被贪念羁绊身心

心生贪念，必成羁绊。

在生活中，我们之所以放不下，就是因为心中存有太多的杂念，这些杂念时时刻刻束缚着我们的内心，同时也束缚了我们的生活。可以试想：如果我们的内心一直处于十分平静的状态，杂念和烦恼自然也就无安身之地，这样我们才能更容易地排除外物的诱惑，才能将事情进展得更为顺利。

但是，生活中却有很少的人才能够达到这种境界，因为世间总有不尽的诱惑在缠绕着我们，束缚着我们的内心，最终也不能将事情进展得更为顺利。然后，再生出烦恼，再将事情弄糟……如此地恶性循环，于是抱怨、愤怒、嫉恨等一些负面的情绪就继而不断地缠绕着你，你的生活自然也没有什么快乐而言了。当你真正静下心来细细思考的时候，就会明白，其实干扰你的并非是外界环境，而是那颗不安的心。

从前有一户穷苦人家，住在深山中。

有一天，母亲要求16岁的儿子到山下去打些油回来。在离开之前，母亲就递给儿子一个大碗，并不时地嘱托他：“你一定要小心，我们最近经济真的很紧张，你绝对不能把油给洒出来。”

儿子小心地应和着，很长时间才来到山下母亲指定的店里买油，儿子心想：下山一次太不容易了，不如多打点回去，只要自己走路小心点，一定会安然地把油端回家中的。于是，他就让油店伙计把他的碗全部都装满了油。儿子就小心翼翼地端着装满油的大碗，一步步地走在山路上，不敢左顾右盼。十分不幸的是，他在快到庙门口村里的时候，由于内心的紧张没有看前行的路，一下子踩进了一个小坑中。虽然没有摔倒，但碗里的油却洒掉了三分之一。儿子十分懊恼，而且紧张得手都开始发抖，无法将碗端稳。回到家里后，油却洒掉了一半。母亲看到装油的碗时，感到有些生气，对儿子不客气地说：“不是说好让你小心点吗？为何还是洒了这么多油，白白浪费了那么多钱！”儿子心中十分难过。

这时候，爸爸听到了，闻声来了解情况。随后，他就不停地安慰儿子，并私下里对儿子说：“我再派你去买一次油，这次你只要买些油回来，只装一半就可以了，并且我要你在回来的途中，多观察你周围的人与事，并且回来后跟我报告。”

儿子又勉强下山了，但是他这次心中不再紧张，因为他想只有半碗油，无论如何也洒不掉的，于是心情极为轻松。也就在回家的途中，他也才发现路上的风景真的很美。远方翠绿的山峰，又有农夫在田中唱歌。一会儿，又看到路旁边的一群小孩子在路边玩得十分开心，而且还有一群小狗卧在那儿晒太阳。儿子就这样一边走一边看风景，不知不觉地就回到了家中。当儿子把油交给父亲时，才发现碗里的油装得好好的，一滴都没有损失掉。

一切烦恼皆由心生，就像这位打油的儿子一样，第一次由于油装得太多，所以心存顾虑，做事缩手缩脚，放不开，最后反而将油弄洒了。到后来，由于油装得少，所以才放下了心中的顾虑，轻松地完成了任务。所以在生活中，我们一定不要有太多的贪念，这样才不至于生出太多的烦恼，来束缚我们的快乐生活。

我们生活中的许多烦恼和忧虑皆是由于我们内心感受对外界事物的一种投射而已，如果我们能够日日更新、时时自省，就会摆脱世俗的困扰，清除心灵的尘埃。智慧的人是能够体悟到万物皆空的道理的，这种万物皆空并不是消极悲观的虚无，而是没有执著，没有牵挂，坦荡磊落，广大自在的一种心境。如果我们把生活中的物欲横流看作是镜中花水中月，便会觉得世间也没有什么可求可恋，你的心灵和人生也就没有了所谓的障碍、痛苦和烦恼，你的心灵也就能够达到一种完美清净的境界。

心多贪念，必成羁绊。如果你总是带着一定的功利目的去做事情，心最终会被拖累，最终你也极难达到自己的目标。

所以在生活中，如果我们时常能够摒弃一切贪杂，以一颗平静之心去看待周围的事物，就能够使自己的心灵达到完美、清净的境界。

4.欲望中，为心灵留一片净土

要及时的清除心灵的负担。。

我们通常说的“地狱”在哪里呢？其实，它就在人的内心之中。在茫茫尘世中，人的欲望越多，越难满足，心灵深处的不安和愤怒之火就会越旺盛，最终会将自己推向地狱的深渊。

惠兰是一个都市白领，高学历，高收入，人长得十分漂亮，身材也很好。每天上班她都会有着不同风格的打扮，时髦得体的她，赢得了周围所有同事的称赞。在一片赞扬声中，她的虚荣心越发膨胀起来，为了更引人注目，为了讲求品位，她不惜花大笔的钱去购买名贵时尚的珠宝、名牌服装、高档箱包……她的收入毕竟有限，对时尚物质追求的强烈欲望，已经让她负债累累。

有一次，在与朋友聊大的过程中，惠兰说自己其实活得很累，别人看到的只是她一个光鲜亮丽的外表，但是她的内心已经疲惫不堪。她也反省过自己，超负荷地购买名牌物品似乎也没让自己真正开心过，她也想快乐起来，但是，这种欲望却让她欲罢不能。

由于内心的负担过重，原本漂亮的惠兰也变得憔悴了许多，对生活失去了乐趣，对工作也丧失了兴趣，时常唉声叹气，人也变得悲观厌世。她甚至不知道自己该如何是好……

收入颇高的惠兰本应该过得很轻松、很快乐的，但是就是因为心中越来越多的欲望让她的心灵承载了太多的负担，也让她丝毫品尝不到轻松和快乐的滋味。其实，她本人已经很漂亮了，何必要用那些外在的名贵物品去刻意地装饰自己呢！

在现代都市中，我们很容易被太多的欲望牵着走，得到了一段美好的感情，又想拥有一个美满的家庭，随即又想有一个可爱的孩子，又想拥有一份成功的事业……这些无止境的欲望，使我们的心灵承载了太多的负担，永远没有停歇下来的时候。“累！累！累！”成了我们呼之欲出的口头语。我们只是在欲望的深渊中挣扎不止，不知何时才能解脱！

有些人可能会说：“那些喊‘累’的人是因为欲望太大了，而我对生活的要求很低，但是为何还会感到累呢?”

我们需要适时地放下自己心中的欲望，让自己的心灵能有时间好好地休息一下，如此才能让自己活得更长久些。

不管在任何时候，我们都要适时地放松自己，才能让自己走得更远。这就如同一张拉开弦的弓，绷得太紧就容易断，只有恰到好处，箭才能飞得更高更远，最终射中目标。人生旅途中，也需要我们不时地放下一些背上不需要的包袱，轻装上阵，只有这样，我们才能让自己走得更远。

哲学家说："眼睛不要睁得太大，且问，百年以后，哪一样是你的？"是的，我们每个人苦苦追寻的东西，到最终又有哪一样才是属于自己的呢？而只有心灵的快乐与轻松才是生命的真谛，才能让我们生命恒久地拥有。也就是说，心灵是称量我们生命的天平。

心中多一份悲伤，生命就会多一份痛苦；心中多一点阳光，生命就会多一些快乐。心灵的负担越重，生命的脚步就越慢，以致最终因不堪重负而停止，所以，我们要多多放下心中的欲望，不要让心灵承载太多的负累，最终才能让自己获得恒久的快乐。

5.勿让今日的执着，造成明日的后悔

追求正确的东西，才能安然得乐。

人之所以痛苦，很大程度上就在于去追求错误的东西。

那么，什么是"错误的东西"呢？错误的东西就是本不该属于自己的、超乎自己能力以外的东西。去追求超乎自己能力以外的东西，一定会感到心累，痛苦也就会随之而来。比如，一个贫穷的人想要得到奢华的住房、名贵的汽车，但是他本身又没有足够的金钱、足够的能力去达成这些目标，现实与理想就产生了落差，内心就有了矛盾，烦恼和痛苦就会如影随形。

在生活中，我们一定要去追求真正属于自己的东西，追求自己能力所及的东西，这样才能使内心获得真正的平静与快乐。

有一位有名的作家，每大都觉得自己活得很累，总静不下心来去进行创作。于是，他就向一位智者求教。

作家问道："我不明白，为什么在成功后觉得自己越来越忙碌，越来越觉得心累呢？"

智者问道："你每天都在忙些什么呢？"

作家回答："我一天到晚都在忙着应酬，到处做演讲，接受各种媒体的采访……这些事情使我心情烦躁，写作已经成为我的一种负担。我觉得自己太辛苦了，心也很累。"

智者转身打开身后的衣柜，对作家说："在这一生中，我收藏了许多漂亮的衣物，你试着将它们穿上，就能知道自己为什么会感到心累了。"

作家疑惑地说："我身上穿有衣服，你的这些衣服未必适合我呀！如果我将这些衣物都穿在身上，一定会沉重，会难受的。"

智者回答："你也明白其中的道理，又为何要来问我呢？"

作家感到莫名其妙，就又随口问道："您所说的话，我有点不太明白，您能说得更明确一点吗？"

智者答道："你身上的衣服已经足够，倘若让你穿上更多漂亮的衣服，你会觉得沉重无比。你只是一个作家，为何要去做一些交际家、演讲家要做的事情呢？这不是自讨苦吃吗？"

作家顿悟道："每个人去追求只属于自己的东西，做一些自己应该做的事情，这样才能得到轻松和快乐啊！"

从此以后，作家就辞去了不必要的职务，推却了不必要的应酬，潜心写作，最终达到了人生创作的高峰，并且再也没有感到过疲惫和烦躁，生活变得轻松和快乐了许多。

生活中，每个人都有自己的追求和欲望，从辩证的角度看，有欲望、有追求并非完全是一件坏事，因为欲望和追求可以激发人的潜能，能够推动我们不停地向前行。但是，欲望如火，可以取暖，亦可以毁人，我们一定要掌握好理智与欲望之间的平衡关系，而不要让欲望成为我们内心的负担。要知道在很多时候你所追求的东西并不一定是自己真正能够得到的东西，也并不一定是自己心灵深处所真正需要的东西，如果自己盲目去追求，必然会被其所累。

“今日的执著，终会造成明日的后悔”，如果你执著于错误的东西，内心将无法得到长久的平静，也无法获得长久的快乐。

芸芸众生中，有多少人何尝不是像这个年轻人一样，因为执著于去追求一些错误的东西，才让自己的心灵多了些额外的负累呢?

如果你现在明白了这一点，就要勇于放弃一些负累你心灵的东西，这样你的人生才会获得真正的快乐。

6.生活做减法，相乘出一种幸福

让光亮照进生活。

在现实生活中，人和人之间存在着很多的差异。有的人腰缠万贯，有的人食不果腹，有的人绫罗绸缎，有的人却破衣烂衫。与此同时，人与人的心态也存在着天壤之别，有的人热情开朗，笑如春风，有的人则是心灰意冷，怨天尤人。同样的物质条件和同样的客观环境，为什么还会出现巨大的心态差异呢?

事实上物质的多寡、环境的优劣，只有通过我们的内心才能起到作用。我们传统的哲学里讲究境由心造，相由心生，并不是毫无道理可言的，而是有着深刻的哲学意义。

其实，每个人的不幸，并不完全取决于得不到命运的垂青，多数情况下是被一种不良的世界观所误导，一步步地滑落到狭隘、自私、阴暗、怨恨中不能自拔，不能自救的同时，又在抱怨着社会的不公，命运的不平，从而怨气冲天，自暴自弃。如此以来，形成一个恶性循环，别人站在一边焦急万分，想帮助他脱离苦海，却总是无计可施，找不到正确的切入点。

有人常把幸福和痛苦归结为运气使然，其实，远不如说成一种感觉要正确些。每天的阳光都是迷人的，但人的心情却有着千差万别。善于忘记不快的人，比较容易抓住幸福。而那些对昨天失去的奶酪耿耿于怀的人，往往会触景生情、黯然神伤。生活中无法预计的事太多，但可以把握的是我们的心情，对待生活的沉重包袱，尝试着用一种减法来看待，你会发现生活竟是如此美好，幸福的距离也不是想象中的那么遥远。

很久以前有一个贫苦的女人，与丈夫相依为命，一起过着清贫但又不失快乐的生活。不料丈夫突然得了重病，不治而亡。

女人感觉天仿佛塌下来一样，整日嚎啕大哭，捶胸顿足，咒骂老天爷对她无情的打击。怨恨上天为什么不把她也带走。正巧一位佛学大师云游路过此地，告诉这位女人说："我可以帮助你让你的男人活过来。"

女人一听，眼睛睁得大大的，说："如果您能够让我的男人活过来的话，我做牛做马也要报答您的大恩大德。"

大师道："你如果能找来一种香火，我便可以拿着此火为你丈夫许愿，叫你丈夫复活。"

"那是什么样的香火呢？"女人问。

“这种香火就是从来没有死过人的人家燃着的香火，你去把它找来吧。”大师说。

女人听了大师的话，便满怀希望四处讨香火去了。

每到一户人家，女人就问：

“你家死过人吗？”

“死过，曾死过不少人呢。”

女人继续走，每到一户，她依旧问：

“你们家以前死过人吗？”

“死过，我们的祖先都在我们前面死了。”

“怎么会没死过人呢？”回答几乎千篇一律。

女人跑了许多路，问了不知多少户人家，每家的回答，几乎一模一样。无可奈何，她回来了，告诉大师：“我已经遍求所有人家，却没有一家没有死过人的，这样的香火看来我是取不来了。”

大师说：“既然人都是要死的，你又何必为丈夫的去世而过度地悲伤来摧残自己呢？”女人听了犹如醍醐灌顶，茅塞顿开，谢过大师之后回到家中，继续快乐地生活了。

西方有一则谚语说：“上帝只拯救能够自救的人。”生活中拥有欢乐笑声的人，没有一个是意志消沉、自暴自弃、心胸狭隘的人，他们懂得如何运用减法处理烦恼和不愉快。真正的上帝不是十字架上的那个人，而是我们每一个人自己。

人活着，总有不如意的时候，我们应该学会的是如何面对这些困难和不顺。一旦陷入无边的烦恼中，好比背着棉花掉进了池塘里，不肯放弃，只会使自己肩上的胆子越来越重。在事业中，我们讲究不进则退，在生活中我们也应该讲究“放下”的处世态度。心中有阳光，再恶劣的天气也不会影响我们的心情。

7.选择多，就乱了心

选择越多，便难以割舍。

某位哲学家说过：当生活中有一种选择的时候，我们的内心是平静而快乐的，但是可供选择的事物一旦多了起来，生活便多了许多烦恼。而这些烦恼主要源于人们在众多选择面前患得患失的犹豫心理。

森林中生活着一群猴子，每天当太阳升起时，它们会从洞中爬起来外出觅食，当太阳落山时，它们又自觉会回洞中休息，日子过得极为平静而快乐。

一名旅客在游玩的过程中，不小心将手表丢在了森林中。猴子卡卡在外出觅食的过程中捡到了。聪明的卡卡很快就搞清楚了手表的用途，于是，它就自然掌控着整个猴群的作息时间。不久后，它就凭借自己在猴群中的威信，成为猴王。

当聪明的卡卡意识到是这只手表给自己带来了机遇与好运后，每天就利用大部分的时间在森林中寻找，希望自己可以得到更多的手表。功夫不负有心人，聪明的卡卡终于又找到了第二块手表，乃至第三块。

但出乎卡卡意料的是，它得到了三块手表反而给自己带来了新的麻烦和痛苦，因为每块手表所显示的时间都不相同，卡卡根本不能确定哪块手表上显示的时间是正确的。猴子们也发现，每次来问及时间的时候，它总是支支吾吾回答不上来。一段时间后，卡卡在猴群中的威望也大大降低，整个猴群的作息时间也变得一塌糊涂，大家就愤怒地将卡卡推下了猴王的位置……

拥有一块手表，可以明确地知道时间，而得到了两块甚至更多块的手表却能让自己迷失时间，给自己带来了无尽的烦恼和痛苦。由此我们可以说，你所得到得越多，痛苦和烦恼就会越多。

书上说，上帝因一个简单的心思，只是用简单的泥土造就了我们，而我们为何要去追求无谓的繁杂，终将自己置于痛苦之中呢？选择越多越痛苦，而这些“更多的选择”却是我们内心不断追求的结果。为此，哲学家说：因为人的欲求不止，所以生命是一个不断作茧自缚的过程！同样，行为心理学家也指出：与其说人的行为是受一定的原因支配，不如说它更受人生的一系列目标或人生的一系列目的支配。在达成目标的过程中，人总要面对各种各样的选择，不同的选择，所达到的目标结果是不尽相同的，人生也有可能会由选择而发生变化，所以，为了使目标结果更为完美，在选择的过程中，人们必然会仔细斟酌，细心掂量。为此，烦恼就产生了，混乱的生活状态也就开始了。

所以，我们要想从这种混乱、痛苦的状态之中走出来，就要勇于舍弃，让生活归于简单的状态。舍弃那些扰乱我们心智的“更多的选择”，过一种简单的生活。

有一个诗人，为了追求心灵的满足，他不断地从一个地方到另一个地方。他的一生都是在路上、在各种交通工具和旅馆中度过的。当然这也并不是说他自己没有能力为自己买一座房子，这只是他选择的生存方式。

后来，由于他年老体衰，有关部门鉴于他为文化艺术所作的贡献，就给他免费提供一所住宅，但是他拒绝了。理由是他不愿意让自己的生活有太多的“选择”，他不愿意为外在的房子、物质等耗费精力。就这样，这位独行的诗人，在旅馆中和路途中度过了自己的一生。

诗人死后，朋友在为其整理遗物时发现，他一生的物质财富就是一个简单的行囊，行囊里是供写作用的纸笔和简单的衣物；而在精神方面，他给世人留下了十卷极为优美的诗歌与随笔作品。

这位诗人正是勇于舍弃了外在的物质享受，选择了一种简约的生活，最终才丰富了精神生活，为人类作出了巨大的贡献。他的人生是一种去繁就简的人生，没有太多不必要的干扰，没有太多欲望的压力，是一种快乐而又纯粹的人生。

正如尼采所说：如果你是幸运的，你必须只选择一个目标，或者选择一种道德而不要贪多，这样你会活得快乐些。正如一个电脑一样，在其系统中安装的应用软件越多，电脑运行的速度就越慢，并且在电脑运行的过程中，还会有大量的垃圾文件、错误信息不断产生，若不及时清理掉，不仅会影响电脑的运行速度，还会造成死机甚至整个系统的瘫痪。所以，必须要定期地删除多余的软件，及时清理掉那些无用的垃圾文件，这样才能保证电脑的正常工作运行。我们要想过一种幸福而快乐的生活，就不能让自己背负太多的选择，学会去繁就简，过一种简单的生活，这样才能不至于使自己在众多的选择面前无所适从。

Xia Pian 下篇

心如莲花，自然一路芬芳

不同的心态，决定不同的人生。
要改变现状，就要改变自己的心态，
不管晴天雨天，都用一颗阳光般的心去接受每一天，
不计较，不纠结，不忧虑……心态变了，你的人生就变了。
心里充满阳光，每一天都是晴天。

第一辑

不计较：退一步，天高海阔

执着是一种负担，计较的太多，就成了一种羁绊，看淡一切，一切便如过眼云烟。在浮躁的世界里，做一个淡然之人，不争不抢，不去计较，凡事看淡，看开，看透，不牵挂，不计较，泰然处之，如此便能心安。

1.没有绝对的公平

一味地追求平衡，只会让人心理失衡。

在生活中，多数人都认为公平合理是天经地义的准则之一，所以，我们经常会抱怨：“这是不公平的！”或者“我没有得到这些，你也没有理由去得到！”我们事事都想追求公平合理，但是当稍有不公平的事发生时，心中就会产生矛盾，就会愤愤不平，感到自己受到了极大的委屈，内心也无法平静下来。应该说，追求公平是正确的，但是因为受到一些不公平的对待或者遇到不公平的事情，就产生消极的情绪，这就需要你注意了。

事实上，世界上没有百分之百的公平，所谓的绝对的公平，是你内心的一种非理性的想法。

一位怀才不遇的青年人向一位智者哭诉自己的经历，报怨说这世道真是太不公平了！

智者听了，笑着对他说："什么是公平呢？你把这两个字写下来让我看看。"青年就随手在纸上写下了"公平"两个字并递给智者。

智者接过纸张笑容可掬地说道："你看，这两个字一个用四画就写完了，一个却用了五画，这公平的笔画本身都不公平的，怎么说'公平'是公平的呢？"

这个世界上是没有绝对的公平的，你所要寻找的公平就如同寻找神话传说中的仙境、宝物一样，永远也不可能找得到。因为这个世界本不是根据公平的原则创造出来的。比如，鲨鱼吃小鱼，对小鱼来说是不公平的；小鱼吃小虾，对小虾来说是不公平的；小虾吃浮游生物……只要你看看一下大自然一个个的食物链就可以知道，处于顶端的是食肉类的猛兽，处于底部的都是毫无侵略性的生物或者是微生物，对于那些注定要被吃掉的生物，你能用公平或者不公平来评价吗？世界上没有百分之百的公平。在生活中，有的人天生长得漂亮、聪明、健壮，而有的人天生就残疾，你说这公平吗？在当今的世界之中，发达国家里的人会因为进食过量而去减肥，而一些落后国家的人们却因为灾荒而饿而死，这也公平吗？

公平是我们每个人追求的目标，但是总是会出现许多不公平的事情，这并非是人类的一种悲哀，而是世界本有的一种状态，一种真实的情况。其实，我们每天生活在不公平之中，每天不可避免地都要受到各种各样的不公平的对待，如果你一味地追求百分之百的公平，只会导致个人心理上的失衡，使自己变得焦躁不安，烦恼不已。与其在焦躁、烦恼中度过，不如及早认清现实，放下过多的计较，让自己快乐起来。

同时，当你在满腹牢骚地抱怨“不公”的时候，你是否反问过自己“自己真的是最好的吗?”“自己真做得够完美吗?”如果你肯时刻这样想，就可以平衡自己的心态，让自己从烦恼中解脱出来。

一个自以为极有才华的秀才，因为一直得不到重用，所以，他经常愁肠百结，异常苦闷。

有一天，他就大声地质问上帝：“命运为什么对我如此不公?我并不比那些当官的差，可偏偏为什么我却不能得到重用?”

上帝听了此话后就沉默不语，只是捡起了一颗不起眼的小石子，并把它扔到乱石堆中。

上帝说：“你试着把我刚才扔掉的那颗石子找出来。”秀才翻遍了所有的乱石堆，却没找到。这时候，上帝又拿出一块金子，然后以同样的方式扔到了那堆乱石堆中。结果，这一次，秀才却很快就找出了那块金子——那块金光闪闪的金子。

上帝虽然没有说什么，但是那位秀才却顿时醒悟了：当前的自己还只不过是一颗石子而已，如果自己真是一块金灿灿的金子，就没有理由再抱怨命运的不公平。

在生活中，很多人就是这样，在不公平面前只是一味地抱怨。殊不知，很多时候，原因全出于我们自己。所以，我们在埋怨的时候，首先要静下心来反思一下自己，问题是否是出在自己的身上。同时，我们也要勇于放下过多的计较，以一颗平常心去对待这些不公，这是人生的一种境界。

2.天堂地狱，一念之转

通了就是天堂，想不通就是地狱。

我们每天都生活在得与失里，然而天道无私，有一得必有一失，如果太计较得到，只能失去得更多。

有一首歌这样唱道：“不管得与失，值得去庆祝，因为心中易满足。”一个人要想获得知足自在，就要放下得失心，万事不要斤斤计较。不斤斤计较的人拥有豁达的胸怀，即使在他们离去之后，也能让人们深深地怀念。不斤斤计较是种明智，这样的人看似吃一点亏，受一点累，但其实能收获更多。

这年冬天，杰克从刚刚过世的亲戚那里继承了一个大牧场。有一天，他养的一头牛，为了偷吃玉米而冲破附近一户农家的篱笆，最后被农夫杀死。依当地牧场的共同约定，农夫至少应该通知杰克并说明原因，但是农夫没这样做。

杰克知道这件事后非常生气，于是带着佣人一起去找农夫理论。可事情不巧，那天正值寒流来袭，他们只走到一半，人与马车全都挂满了冰霜，两人也几乎要冻僵了。好不容易抵达农夫的木屋，农夫却不在家，农夫的妻子热情地邀请他们进屋等待。杰克进屋取暖时，看见妇人十分消瘦憔悴，而且桌椅后还躲着五个瘦得像猴的孩子。

不久，农夫回来了，妻子告诉他：“他们可是顶着狂风严寒而来的。”

杰克本想开口与农夫理论，忽然又打住了，只是伸出了手。农夫完全不知道他的来意，便开心地与他握手、拥抱，并热情邀请他们共进晚餐。

这时，农夫满脸歉意地说："不好意思，委屈你们吃这些豆子，原本有牛肉可以吃的，但是忽然刮起了风，还没准备好。"

孩子们听见有牛肉可吃，高兴得眼睛都发亮了。吃饭时，佣人一直等着杰克开口谈正事，以便处理杀牛的事，但是，杰克看起来似乎忘记了，只见他与这家人开心地有说有笑。饭后，天气仍然相当差，农夫一定要两个人住下，等转天再回去，于是杰克与佣人在那里过了一晚。

第二天早上，他们吃了一顿丰盛的早餐后，就告辞回去了。

在寒流中走了这么一趟，杰克对此行的目的却闭口不提，在回家的路上，佣人忍不住问他："我以为你准备去为那头牛讨个公道呢!"

杰克微笑着说："是啊，我本来是抱着这个念头的，但是我又盘算了一下，决定不再追究了。你知道吗？我并没有白白失去一头牛啊！因为我得到了一点人情味。毕竟，牛在任何时候都可以获得，然而人情味却并不是很容易得到。"

大多数的人都在追求物质上的满足，为了小事斤斤计较，然而当物质需要得到满足之后，并没有得到内心真正的充实。人与物之间是无从比较的，真正的无价必定表现于无形。故事中的杰克，尽管失去了一头牛，却换得农夫一家人的笑容和幸福以及难得遇见的人情味，这段经历更让他懂得生命中哪些才是无价的。

我们身边有一些这样的人，在与人交往中，总爱吹毛求疵，过分注重一些毫无价值的小事。不仅常常使得别人难堪，也使得自己往往处于精神委靡、心情恶劣、疲惫不堪的状态。这是一种浮躁的表现，这种不良的心理使得他们只顾眼下，不管将来；只计较细小事情，心中无大事也无大量；只图自己一吐为快，从不考虑别人的感受。

莉娜是一名职业校对员，曾为出版社校对过不少著名书刊著作。莉娜对工作认真负责，一丝不苟，因此在出版编辑界也小有名气。

校对的工作做久了，在生活中，莉娜也经常会不自觉地检查单词拼写和标点符号是否准确。听别人讲话时，她也会想着他的发音是否正确，停顿是否得当。

一天，莉娜去教堂做礼拜，听牧师朗读一篇赞美诗。突然，她听到牧师读错了一个单词，顿时浑身不自在起来，一个校对员的声音在心里不停嘟囔："他错了！牧师竟然读错了！"莉娜再也不能专心听讲牧师布道，正当她为这个小小的错误纠结之时，一只苍蝇从莉娜的眼前慢慢飞过。

莉娜耳边突然响起了一个声音："不要因为一个飞虫，而忽视了眼前美丽的风景。"对呀，我怎么能因为一个小小的错误而忽视整篇赞美诗？

以计较的眼光看世界，世界很小，只会盯着别人或者自己那么一点的错误，而忽视了整首"赞美诗"。而真正的聪明的人会主动放下计较。

一般来说，持有计较心理的人，必将自己的精神世界局限于一个极小的范围，逐渐会变得自私冷漠、吝啬、苛刻，特别是在日常生活中，就连一些小小的疾病、挫折，财物上一点小小的损失，别人对自己说话一点小小的不尊重，都很容易对他们的心理活动产生极其深远的影响，甚至沉溺其中无法自拔。因此，这种不良心理的危害是很大的，应该努力加以克服。

一位百岁老人说过这样一句话："一件事情，如果想通了就是天堂，想不通就是地狱，既然活着，就一定要活好。"有些事会不会招惹麻烦，有时完全取决于我们的心态。不要把一些鸡毛蒜皮的小事放在心上，别太过于看重名利得失；不要总是那么猜疑敏感、任意夸大事实；也不要动辄就为了一点小事而着急上火，大动干戈，只有心里放得下这些，才会拥有一个幸福美满的人生。

3.宽恕别人=善待自己

仇恨只能永远让我们的心灵生活在黑暗之中。

宽恕别人，就是善待自己。仇恨只能够让我们的心灵永远禁锢在黑暗之中；而宽恕，却能让我们的心灵获得自由，获得解脱。

1994年9月的一天，在意大利境内的一条高速公路上，一对美国夫妇带着年仅7岁的儿子尼古拉·格林正驾车向一个旅游胜地进发。突然，一辆菲亚特轿车超过他们，车窗内伸出几支枪管，一阵射击之后，他们的儿子中弹身亡。

这对夫妇本应该十分痛恨这个国家，因为在这块土地，他们失去了爱子。可是悲伤过后，他们作出一个令人震惊的决定：把儿子健康的器官捐献给意大利人！在意大利，即使是正常死亡的本国公民自愿捐献器官的也是极为罕见的。

于是，一个15岁的少年接受了尼古拉·格林的心脏，一个19岁的少女得到了尼古拉·格林的肝脏，一个20岁的妇女换上了尼古拉·格林的胃，另外两个孩子分别得到了尼古拉·格林的两个肾。5个意大利人在这份生命的馈赠中都得救了。这件轰动一时的事足以令所有的意大利人汗颜。

1994年10月4日，意大利总统斯卡尔法罗将一枚金奖章授予这对美国夫妇，因为他们拥有容纳百川的胸怀以及忘记恩怨、悲世悯人的情操，还有以德报怨的人生境界。

仇恨带给人们的灾难太深重了，应该怎样把这种仇恨化作一种美好呢？这对美国夫妇为人们做了一个很成功的榜样。他们的爱子在异国无辜暴死，可他们的理智却抑制了仇恨的烈焰，并依然作出了惊世骇俗的决定，使5个年轻人获得了重生，使冤死的儿子永远活在意大利人的心中。

其实，宽恕别人的过错，得益最大的其实就是我们自己，它能够让我们的身心变得健康，生活变得轻松愉快。

荷兰一所著名的大学的研究人员组织了一批自愿者做了一项有关于“宽恕”的实验。

自愿者们被要求想象他们被人伤害了感情，并反复去“回忆”被伤害时的情景。

研究人员发现，此时的志愿者在身体上和精神上的压力同时加大，伴随着血压升高，他们的心跳加快、出汗、面部表情扭曲。之后，研究人员又要求他们停止想自己被别人伤害的事情，虽然没有刚才的生理反应大，但是某些生理症状依旧存在。最后，志愿者被要求想象已经原谅了自己的“假想敌”，这时，志愿者感到身心放松并且非常地愉快。

这样，研究人员得出结论：宽恕别人，不意味着为犯错的人找借口，而是将目光集中在他们好的方面，从而把自己从痛苦中拯救出来。这正应了那句话：不要拿别人的错误来惩罚自己。

现实生活中的各种事例也证明，一个人心中的怨气太多，不但无法感受到快乐，还缺乏对理想的执著与追求，使得事业成功遥遥无期。所以，愚蠢的人任由自己的怨气膨胀，一生在仇恨中过活；而聪明的人则懂得以宽恕待人，不

让怨气破坏了自己的美好生活，毁了自己的大好前途。

人生善待自己最好的方法就是宽恕别人，忘掉恩怨和仇恨，一个成熟的、快乐的人，是懂得宽恕别人的过错的人。

很多人只知道“以牙还牙、以眼还眼”的原则，而舍弃“以善相待”、“以德报怨”的为人之道，总以为把对方搞得吃不香睡不好，才是人生快事。实际上，这种人在害了对方的同时也害了自己。真正善于做人的智者，总是敞开大度的胸怀，不计前嫌，放下恩怨，与人和气相处，然后把心思集中在自己所要做的大事上。

人活着难免会受到伤害或者是欺骗，通常情况下我们会伤心、难过，同时，我们在不经意间也往往会伤害了他人。因此，在气愤、伤心之后，更重要的是我们要尽量放宽自己的心胸，以宽容的心态去包容他人，诚如此，对我们自己或者是对他人都是一种解脱。宽恕是解除怨气的最好办法。不懂得宽恕的人，只能让心中充满仇恨，痛苦而无为地度过一生，而以宽恕之心待人的人，则总是能把自己的人生过得快乐而有意义。

想开一些吧！人不过是时间之河中小小的一粒沙子，在时间面前，我们很渺小。在这很短暂的人生之河当中，何必要让仇恨陪伴我们一生呢？忘记仇恨，宽恕自己，心放宽一些，没有什么事情过不去。

4.豁达一些，生活会更美好

美好的生活来自于心灵的一种感受。

有一个人动不动就爱生气，有一次，竟然因为连续几天的倾盆大雨而生气。他最后忍无可忍，站在院子中央，指着天空大骂："你这老糊涂、不长眼睛的老天爷，下这么多雨可把我给害惨了。衣服浇了，屋顶漏了，粮食潮了，柴火湿了……让我这么倒霉，你能得到什么好处吗？你还不停，还不停……"

邻居听到他的大声咒骂，跑出来对他说："嘿！你骂得这么带劲，自己被雨淋也不知道，老天一定会被你气死的，就是气不死也再不敢随便下雨了。"

"哼，老天爷要是能听到就好了，可实际上一点用都没有。"骂天者气呼呼地埋怨道。

"既然如此，那你为什么还在那儿白费劲呢？"邻居问。

这人顿时语塞，邻居继续说："你与其在这里咒骂老天，不如抓紧时间修好屋顶，找些干燥的柴火，烘干湿透的衣服和粮食。再说，又不是天天下雨，我们为何不趁这难得的下雨天做些平时没时间做的事情呢？"

骂天者顿悟。

在生活中，很多时候，我们之所以生气并不是因为这件事可气，而是我们不够豁达，想不开。结果，当我们了解事实内幕后，又会为生气而懊恼。其实何必如此呢？就像事例中的骂天者一样，与其骂天不如顺天。邻居说得对，既然没有能力去改变什么，倒不如改变一下自己的心态，只要把事情看开一点，多包容一点，很多让我们生气的事情，便都将烟消云散。

因此，不管有怎样的烦恼，我们必须明白，每个人都是为了追求快乐、幸福来到这个世上的，既然目的都一样，那为何不把事情看得开一点。生气不但不能帮助我们解决任何问题，反而会损害我们自身的健康，消耗我们的幸福。

一个教授对他的学生演讲时表示，他所学到的最重要的一课是一个曾在钢铁厂里做事的德国老人教给他的。那个德国老人跟其他的一些工人发生了争执，结果被那些工人丢到河里。当老人走进教授的办公室时，浑身都是泥和水。教授问他对那些工人说了什么，他却回答说："我只是笑一笑。"

泰戈尔说得对："当人微笑时，世界爱了他；当他大笑时，世界便怕了他。"微笑可以化解一切争端，能够消除冲突；它能平息我们的怒火，有效缓解心中的闷气。

一次，有一位学者去访问原美国海军陆战队的一位将军。这位将军是所有统领过美国海军陆战队的人中最多姿多彩、最会摆派头的将军。学者对将军的处世作风作了尖锐的批评，并将批评文章刊登在报纸上，但将军却是一副满不在乎的样子。

将军说："我了解，买了那份报纸的人大约有一半不会看那篇文章；看到那篇文章的人中，又有一半会把它只当作一件小事情来看；而真正注意到那篇文章的人中，又有一半会在几周之后把那件事情全部忘记。一般人根本就不会想到我们，或是关注批评我们的什么话，他们大部分时间会想到他们自己，无论是早饭前，还是早饭后，还是一直到午夜时分。他们对自己的小问题的关心程度，要比有关你或我的大消息多出一百倍。所以，我们还有必要去解释吗？”

这位将军的态度非常值得我们学习。我们虽然不能阻止别人对我们所作出的任何不公正的评价，但我们却可以做出一件更重要的事：我们可以决定自己是否受到那些不公正批评的干扰。当然，不为无谓的争执付出更多时间的解释，并不是说拒绝一切批评，我们只是不去理会那些不公正的批评罢了。

面对失败和挫折，一笑而过是一种乐观自信，然后重整旗鼓，这是一种勇气；面对误解和仇恨，一笑而过是一种坦然宽容，然后保持本色，这是一种达观；面对赞扬和激励，一笑而过是一种谦虚清醒，然后不断进取，这是一种力量。

我们每天接触的人和事不计其数，有一两件不愉快的也是很正常的。那这时应该怎么处理它们呢？大发雷霆，跟使你不愉快的人打架？如果是这样，那你的心情可能会因此跌入低谷，不会因为赢了对方而高兴。那本来心存愧疚的一方呢，经过这一番折腾可能就会对你记恨，这样你就结下了一个仇家。不必为那些无影的事过分担忧，试着对过去的事一笑而过。其实，一笑而过是一种大智慧。用这种智慧指导自己的人，比一味辩解的人更容易得到他人的谅解、理解与敬重。

凡事想开一点，用豁达的心胸看待事物，才能走出自我设限的框框，心情自然就会开朗。其实，很多生气的根源都是起因于自己的想法，假如我们不把它放在心上，就不会轻易受别人的影响。

5.不为小事计较，朝着方向奔跑

太过计较琐事，就会丢掉了自身的幸福。

《汉书》中有句话说："水至清则无鱼，人至察则无徒"，意思是说，河水太清澈了，鱼儿就没有办法生存下去；做人如果太苛刻了，就没有人愿意跟他打交道。这就是在告诉我们，做人不能太斤斤计较，太计较了就会对任何事都看不惯，连一个朋友都容不下，最终会把自己与社会隔绝开。

有度量，能容人，你就会得到人们的欢迎；相反，"明察秋毫"，一点小事都要争个是非曲直的人，人家肯定会躲你远远的，最后你只能关起门来"称孤道寡"，成为人人避之唯恐不及的异己之徒。

一个智者在云游的途中，看到有两个人好像在为了一件事而争得面红耳赤，智者便走上前询问他们在争论什么。

原来，他们的争论是为了一道算术题。高个儿的说三八二十三，矮个儿的说三八等于二十四，两人各执己见争论不休，以至于几乎动起手来。

旁边一个人看到实在看不下去了，就叫两人请智者做裁判，如果谁的答案正确，那么另外一方就要将自己今天的猎物给胜利者。两人觉得很有道理，就上前请教智者。

智者看了看高个子，又看了看矮个子，然后叫认为三八等于二十四的矮个子把猎物给那个讲三八等于二十三的高个猎人。

高个子拿着猎物走了。这种裁判，矮个子当然不能答应。他气愤地说："三八二十四，这是连小孩子都知道的真理，你是智者却认为三八等于二十三，看样子你也是徒有虚名啊！"

智者笑道："你说得没错，三八等于二十四是小孩子都懂的真理，你坚持真理就行了，干吗非要与一个根本不值得认真对待的人计较呢？"

矮个儿猎人似有所醒，智者拍拍他的肩膀，说道："那个人虽然得到了你的猎物，但他却得到了一生的糊涂；你失去了猎物，但得到了深刻的教训！"

矮个儿猎人听了智者的话点了点头。

翻开历史，观察古今中外那些成就大事的人，不难发现他们都是具有一种优秀的品质，就是能容人所不能容，忍人所不能忍，善于求大同存小异，团结大多数人。他们有宽阔的胸怀，阔达而不拘小节，大处着眼，而不会目光短浅，只注意是非琐事。

其实每个人都想做到最好，但每个人都不可能把现实中的事情做得如想象中的那样完美。生活本来就是烦琐的，如果我们样样都要较真，那么就要被烦恼充斥了。

一个小男孩，总是为一些小事情烦恼，他常常觉得自己的人生很痛苦，从来没有过快乐，因此脾性十分顽劣，有人稍微碰到他，就会生气；有人扰乱了他的情绪，他就会大声咒骂，还用力地打人，要不然就会放声大哭，恨不得掀起整个屋顶。

结果，每一次他情绪失落的时候，大家就会躲得远远的，逐渐就没有人愿意跟他玩耍了。一次，他跟弟弟闹别扭，脾气又上来了，直气得脸红脖子粗，两手叉腰，一边跺脚一边骂。

这时候，妈妈静静地走了过来，拿着一个镜子放在他的前头。他看到了自己，眉头紧锁，面容皱皱的，恐怖而好笑，原来情绪不好时是这样的丑。

后来妈妈告诉他，当我们情绪不好的时候，就要想曾经那些令我们快乐的事情。

从此以后，每次他心情低落的时候，就去想好的一方面，那些惹他生气的小事也就没有了，情绪也真的就不那么坏了，时间一长，他也就慢慢地改变了自己的毛病。

面对生活中的小烦恼，其实，没有必要那么较真，多包容一些，会发现另一片天空。俗话说，境由心生。由于人的本性拥有着贪婪、忌妒、虚荣等心理欲望，这种本能的欲望在外界的诱发下，使我们的心灵不能处于平衡。所以，每个人都会有各种各样的烦恼，但是面对人生的不如意和困惑，我们必须要学会忍让，学会放下，不要让那些不值得的小事破坏了自己的情绪，只有这样，我们才能寻到快乐。

当烦恼来临时，我们也并非只能束手无策。要想排除烦恼的困扰，就要学会包容和忍让，要去除嫉恨之心，就要学会宽宏大量，要学会理解人、体贴人，能够以诚待人，以情感人，不要常常为一些小事耿耿于怀。如果双方都逞强好胜，矛盾就会愈积愈深，最后发展到势不两立的地步，既破坏了人际关系，又影响相互团结，还有损身心健康。

“总为小事伤神的人，他们的一生是短暂的”，这句话对那些经过岁月风雨的人来说，理解更加深刻。生活中，我们把时间浪费在鸡毛蒜皮的小事上，不仅耗费我们的精力，还会破坏我们的情绪，那是非常不值得的。记住，我们不能为了小事而影响我们的生活，我们是为了让生活变得更美好而生活。

6.不要锻造心灵的监狱

一味的为过去悲伤，就会一直受累。

世界上最恐怖的监狱并没有铁窗和围墙，那就是我们为自己所造的心灵监狱。人的一生，不如意事十有八九，面对困难和挫折，我们应该学会放下计较，自省自励，不要让自己活在无穷无尽的烦恼之中，不要让自己活得太累。

佛陀在世时，一个弟子历尽千辛万苦，手拿两个巨大的花瓶来到佛陀的座前，想把这两花瓶奉献给佛陀，以求得佛法。

佛陀见了说："放下。"

弟子以为佛陀叫他把花瓶放下，立刻把左手里的那个花瓶放下。佛陀又说："放下。"

弟子以为佛陀要他把右手的那花瓶也放下来，于是他便把右手里的花瓶也放下来。可佛陀还是对他说："放下！"

弟子非常不解地问道："我已经两手空空，没有什么可以再放下的了，佛陀还让弟子放下什么呢？"

佛陀说："我叫你放下，并不是叫你放下手里的东西，是要你放下心灵的负担。"

弟子这时才明白佛陀叫他放下的真义，于是佛法已存心中。

日常生活中，很多人总是喊着活得太累，工作压力大、生活负担重、人际交往复杂，其实就是不能放下。当我们把这些负担都放下时，便可以从人生的痛苦、生死的桎梏中解脱出来。

生活中，虽然我们无法左右命运的走向，却可以放弃心中的负担。如果总是不能忘记过去的悲伤，并且一直在为过去而悲伤，受累的只能是自己。我们必须经常卸去自己的心理负担，放下太多的计较，这样才会提高生活的质量，让心灵得到释放。

有一天，一位朋友到心理医生的办公室来诉苦。她说感觉生活压力太大，并向医生描述了那些日复一日永远也做不完的事。从每天早晨起床后整理床铺一直到匆匆忙忙赶着出门去上班，她好像一直都在按既定的程序运作，始终为了去“赶”什么而活着。

医生建议她不妨试一段时间起床后干脆不整理床铺。她似乎被医生的话吓了一跳，从脸上的表情看，她心里一定在嘀咕：你这人怎么这么不近情理呢？但是，不管心里怎么想，她还是同意按照医生说的办法试试看。

两个星期后，她又来到了医生的办公室。这次她进来时脚步轻盈，春风满面，显得一身轻松。她告诉医生说，42 年来她头一回起床后没有整理床铺，结果发现也没有什么大不了的。“还有呢，”她接着说，“以前我总要求自己饭后把餐具洗净擦干再放好，现在我不再苛求自己每次都这样做了。”

医生从内心里为这位女士感到高兴，因为她至少在两个方面突破了自我，解放了自己：一是发现自己在生活中有选择的余地，这一点她以前可能从未意识到；二是不再苛求自己事事追求完美，这对她意味着自我超越，意味着一种新的生活体验的开始。

在如今快节奏的都市生活中，人就像是旋在高速运转的机器上的螺丝，只有铆在上面跟着转的分儿，绝无擅自离开或者中途停下来的道理。有许多人感到“活得太累”，这种“累”并不仅仅是体力上的疲劳，更主要是心理上的感受和体验，是精神负担过重、极度疲劳的表现。

现实生活中，我们每个人为了生活疲于奔命，都已经非常辛苦了，如果时刻再牢记过往的痛苦和悲伤，那岂不是跟自己过不去。过去的事情，该忘记就忘记。多想想那些快乐的事情，忘掉那些不快乐的事情，这样以后的路走得会更轻松。虽然说失败、苦难会给我们以后的人生提供经验，但是太多，就会使人对未来失去希望，失去向前的勇气。

小说家荷摩·克洛伊说：“不要为了打翻的牛奶哭泣。否则，打翻的将不是牛奶，而是你的心血……”一生中，我们要经历很多的事情，有快乐也有悲伤。对于智者来说，他们忘记的总是那些不快乐的事，而记住的却是那些快乐的事，所以，他们过的是一种轻松而充实的生活。

走在路上，看着匆忙的行人眉间带着的疲惫，我们真的应该给自己减轻一些压力，让那些痛苦与忧虑远离我们原本纯洁本真的心灵。生命有时候也是很脆弱的，不能背负太多的痛苦与悲伤，所以我们每一个人都应该乐观一些，放弃忧伤与不快，方能活得轻松，活得快乐。

7.放下计较，走出阴霾

放下所有的不快，心花才会盛开。

生活中，一些人总将别人的缺点看得一清二楚，总为一些小事斤斤计较，从而严厉地批评、指责别人。其实，宰相肚里能撑船，一个胸襟开阔的人，在与人相处时，是懂得随时体谅他人的。这种人不会对于一些小事斤斤计较，还会适宜地帮助别人。

为人处世不要用苛刻的标准去要求别人，不要过于计较那些小事。要尊重他人的自由权利，只有做一个肯理解、容纳他人的优点和缺点的人，才会受到他人的欢迎。而对人吹毛求疵，对任何事情都斤斤计较的人，不会有亲密的朋友，众人对他也只会敬而远之。

成功学大师卡耐基年轻的时候曾经历过这样一件事：一次，他参加了一个隆重的宴会，宴会中，坐在他右面的一位先生讲了一段幽默的故事，并引用了一段话，意思是说“谋事在人，成事在天”。

那位健谈的先生说他所引用的这句话出自《圣经》。其实这是错的，卡耐基很肯定地知道那段话不是出自《圣经》，而是出自莎士比亚的《哈姆雷特》。于是，卡耐基连忙站起来纠正了他。没想到那位先生立即予以回击，反唇相讥道：“什么？出自莎士比亚？不可能，绝对不可能，那句话绝对出自《圣经》！”

卡耐基一时语塞，立刻想到了一个绝佳的求证者，那就是他的老朋友法兰克，他研读莎士比亚的作品已经很多年了。于是，他拉了一下朋友，想向他求证，可没想到法兰克不但没有起身，反而在桌下踢了他一脚。接着，法兰克一本正经地对卡耐基说："朋友，你错了，这位先生才是对的，这句话的确出自《圣经》。"

那天晚上结束宴会后，卡耐基拽住了法兰克说："法兰克，你明知道那句话是出自莎士比亚的……"

还没等卡耐基说完，法兰克就抢先说道："《哈姆雷特》第五幕第二场。可是亲爱的朋友，别忘了我们是宴会上的客人，为什么要证明他错了呢？你以为他会谦虚地接受吗？为什么不给他点面子呢？他并没有征询你的意见嘛，你应该要避免跟人家抬杠。"

从那时起，卡耐基明白了，自己险些因为一点小事的计较而破坏了宴会的气氛，更得罪了一些重要人物，这是得不偿失的。他后来牢牢记住了法兰克对自己说的话"真正赢得优势、取得胜利的方法绝不是这种争论和计较，这样有时能获得优越感，但却永远得不到别人的好感！"

成功学大师卡耐基即使在多年以后，还会经常把这件事拿出来奉劝那些对真理太过执著，对事情太过较真的人。的确，许多人缺乏的并不是掌握真理的多少，而是与他人谈论真理时的态度。当我们在犯这种错误时，最好在心中衡量一下：我们宁愿要争一时之胜利，还是要别人对自己的好感呢？

卡耐基通过他自己的亲身经历告诉我们，永远不要因争一时之理而计较，而要设身处地体谅他人的处境，只有你拿得起放得下，才能获得他人的友谊。

生活是由大大小小的事组成的，矛盾无处不在，无所不有。而我们的人生却只有短短的几十年，如果为那些鸡毛蒜皮的小事浪费了太多的时间，我们的生活势必日月无光，天昏地暗。你早上起来挤公交上班，别人不小心踩了你一脚；你下班后，去超市买菜，有人无意中弄脏了你的衣服；你走在路上，说不定一个纸团就向你砸来……心胸宽大一些，对这些琐事一笑而过，如果真的计较起来，说不定会酝酿出什么祸事来。

《拿破仑私生活拾遗》一书中记述道，拿破仑和约瑟芬打桌球时，曾说："虽然我技术不错，但我总是让她赢，这样她就非常高兴。"有人说，拿破仑之所以这样做，饱含着对爱人的深情厚谊，其实，我们对那些毫无感情或素不相识的对手，最好也能做到不逞一时口舌之快，不争一时之理！

以下三点，可以教我们放下那些无谓的计较，让我们获得更好的人际关系，进而挖掘出生活中的诸多乐趣：

第一，对他人的习惯要给以尊重。每个人都有自己独特的作息方式、家庭背景，而在此基础上形成的习惯也不可能与你相同。所以，尊重别人的习惯应当是最起码的要求。

第二，不念旧恶。这就是说，不要对朋友过去所犯的错误耿耿于怀或斤斤计较。朋友之间的矛盾，总会随着时间的流逝而减淡，抓住过去的恩怨不放是不明智的。放下以前的不愉快，以后还可以做朋友。

第三，不责人过。就是不要责难对方所犯下的小错误。《菜根谭》中说："攻人之恶毋太严，要思其堪受。"这句话告诫我们，攻击别人的错误不可太严，一定要考虑对方的承受能力，否则虽然逞一时之快，却破坏了人际关系。

总而言之，人与人之间的观点难免会有差别。在我们不同意对方的时候，我们不要去争执和计较；在别人不同意我们的意见的时候，我们更要让对方占上风，因为与对方争出个胜负是没有多大必要和意义的，而灵活地求同存异，才是为人处世的正确方法。

8.福兮祸兮本相依

吃亏有时也得福。

生活中很多的不快乐是因为自己吃了亏，认为“吃亏”就意味着“失去”，认为吃亏是一种极其愚蠢的行为。然而，很多时候，我们所吃的一些“亏”只不过是事情的表象而已。有时候，一件看似吃亏的事情，最终往往也会变成对你非常有利的事情。

在我们很小的时候，大人们曾告诉我们要懂得计较得失，不能吃亏，吃了亏就会被形容为“傻”、“笨”。其实则不然，吃亏并非是一种软弱的表现，是一种包容的气度，一种福气，一种以退为进的处世方略。所以，当我们吃了亏，一定不要再期待得到回馈，拥有这种心态，就能够永久地保持快乐的心态。

东汉时期，有一个名叫甄宇的在朝官吏，时任太学博士。为人极为忠厚，遇事也很懂得谦让，为此，他每天都乐呵呵的，官吏都愿意与其接近。

有一次，皇上将一群外番进贡的活羊赐给了在朝的官吏，要他们每人分一只领回家。

在分配活羊时，负责分配的官吏则犯了愁：这群羊大小不等，肥瘦又不均，如何分才能让群臣们没有异议呢？

皇上让大臣们献计献策，这些羊到底如何分才算合理。

有的大臣说：“可以将羊全部都杀掉，然后肥瘦搭配，人均一份。”也有人说：“干脆大家抓阄，抓到哪只是哪只，全凭个人运气。”

就在大家正七嘴八舌争论不休之时，甄宇就站了出来，说：“分只羊不是极简单的事情吗？依我看，大家随便牵一只不就可以了吗？”说着，自己便从中牵走了最瘦小的一只。

看到甄宇这样做，其他人也不太好意思专牵最肥壮的，于是，大家都挑最瘦小的羊开始牵。很快，羊被分完了，大家都没有任何怨言。

皇上看到了甄宇如此大度，就当即赐予他“瘦羊博士”的美誉。不久后，在群臣的共同推举下，甄宇又做了太学博士院的最高官员。

从表面上看，甄宇牵走了只瘦小的羊是吃了亏，但是，他却得到了皇上的器重与群臣的拥戴，实则是占到了大便宜。正所谓“吃亏是福”，一些聪明的人遇到事情是不会去斤斤计较的，而是能够成功地运用吃亏的智慧，得到更多的“福分”。

在生活中，有三种人是不肯吃亏的：一种是度量小的人，吃了亏就想不开，茶饭不思，好像被剜了肉一样，最终伤了身体，吃了大亏；第二种是火气太大，吃了亏后随即就开始双脚跳，轻则破口大骂，重则大打出手，将事情弄得不可收拾，吃大亏；还有一种是心眼小的人，吃了亏就要睚眦必报，常常让与其共事的人怨声载道，失去人气，让自己因小失大。以上这三种人因为过分计较得失，最终是都要吃大亏的。所以，如果你是以上三种人中的一种，最好要及时改正自己，在生活中该放的就放下，切莫因精于算计而让自己遭受大损失。

第二辑

不纠结：你若盛开，清风自来

你若幸福，便是终点;你若安好，便是晴天。爱情不能强求，是聚是散都要随缘。当爱在你的世界终结时，不要悲伤，不要纠结，该放手时就放手，因为幸福总在下一个路口。

1.若不爱，请离开

爱情向左，天堂往右。

没有爱情是寂寞的，爱情把你缠住的时候又是美好的。无论怎样，爱情本身是没有错的，错的也许只是恋爱的双方。所以当爱情离开你的时候，不要偏执地认为这个世界没有让人幸福的爱情，也没有必要过多责怪谁错谁对，学会转身，毫不犹豫地离开，这样才能让自己开始另一种新生活。

她失恋了，她实在不明白对方为什么要跟她分手，她想起他的种种海誓山盟，他说要爱自己一辈子，陪自己一辈子……她想起他对自己说的甜言蜜语：宝贝，你是我的最爱，我就愿意被你欺负……可这不过才经历了2年，怎么一夜间完全变了呢？

她每天以泪洗面，求他不要离开自己。她给他打电话，他不接；给他发信息，他不回；后来他干脆悄悄地换了手机号码。她发疯一样四处找他才发现他已经辞了职、搬了家，他的朋友也都不知他的去向，他仿佛从人间蒸发了。

她不甘心就这样失去他。她无心工作，干脆辞了职，放任自己在漫无边际的痛苦里游荡。终于有一天，她的一个朋友说自己曾在一家餐厅见到他和一个女孩在一起，样子很亲密。她的泪汹涌而出，好久才恨恨地说："我要找到他，我要报复他！"她开始抽烟、喝酒、乱交男友，可是她没有因此而获得快乐，相反却陷入愈来愈深的痛苦之中。

天下没有不散的宴席，既然对方已经离你而去，不再爱你，找到他又能怎样，吸烟、酗酒等这样的行为，只不过是一种麻痹自己和折磨自己的方式，自以为是报复对方，其实这是一种不爱自己的表现，最终受苦的只有自己。这样的人不仅自己得不到快乐，还会让身边的人也活在痛苦之中。

有人也许会问，失恋了就不能痛苦一下吗？当然不是，失恋了我们需要发泄，但发泄的目的是为了能够坦然地接受。如果对过去有过多的关注，只会让自己更加遗憾，这样只会深化不幸的颜色。有时候，学会转身，主动把那一页页的痛苦翻过去，这样才能更好地善待自己。

当一份爱情走到尽头，分手就成了必然。俗话说，覆水难收，过了期的感情即使回收，也不再是原来的滋味，有时候人们想要的并不是那个人，而是当初的激情，但激情一旦冷却，就如死灰不能复燃，复合也就成了一种强求。既然双方都不能为彼此改变自己，那就按照自己的选择走下去，不要回头也不要后悔。因为后悔只是给遗憾加了一个尾巴，延长的不是幸福，而是错误。

有些恋人有复合的机会，都想重新尝试，再爱一遍，但很快发现，破镜再难圆。在分开的过程中，双方已经有了改变，变得不再熟悉，甚至不能确定自己是否依然爱眼前的这个人。过去曾让自己伤心的那些事还没有忘记，彼此深深的隔阂并不能因为复合而解除，旧的烦恼并没有消除，新的烦恼还在增加，真的像俗语所说：“重建比建设更困难。”这个时候就会认为复合只是一种冲动，毕竟，把本来结束的故事重新开始，不一定会有好结果。

男孩和女孩在一起 6 年，女孩一直以为他们可以相爱到天长地久，海枯石烂。可是，就在她为他们的感情而憧憬幸福时，男孩却向女孩提出了分手。

一时间，女孩觉得天塌地陷，她崩溃了。她跑到男孩的单位一再质问男孩原因，而男孩也只是简单地说不爱了，说他们彼此在一起太累。

女孩很是伤心，每天都以泪洗面，她还是不愿相信两个人的感情就这样烟消云散。于是女孩仍然经常给男孩打电话，诉说她的思念之情。虽然这样的做法让男孩越来越烦，但是女孩依然不放弃。

直到半年后，男孩有了新的女友，这时她才明白对方确实不爱自己了，既然如此，还是转身离开，大方地将这段感情放下吧。

失恋是一件痛苦的事，被甩更是如此。女孩与一直深爱的男孩分手，直到半年后才终于明白，单方面的守候是没有出路的，才明白爱情是双方的，只有适合自己的人才能给自己幸福。

恋爱中的两个人只要有一方提出了分手，这就代表了你们的感情出现了危机，如果你对这段感情没有太多的留念，就该果断地舍弃。仔细地想想，分手并不是什么坏事，复合多数时候会让人失望。分手，意味着不合适，意味着难以妥协，不合适的人又何必留恋？在爱情的领域，错的人才会分手，你已经放开了一个错误，何苦再去找回它，重复它？错的就是错的，不论怎样修改，都不尽如人意，不会成为正确答案，还不如尽快去找对的那一个。

要知道，生命的灿烂与辉煌并不局限于一个地方。只要释然一些，用一颗感恩的心看待过去并希冀未来，终究会看到另一番别样的风景。天涯何处无芳草，人间自有真情在，自己的柔情一定会有人读懂。既然爱已不在，那就毫不犹豫地离开。不要在失去感情的同时，也失去了自尊。

2.心若安好，便是晴天

不能拥有，就要笑着离开。

没有人喜欢放弃这种感觉，因为我们的私心让我们喜欢拥有更多满足，而放弃的时候，我们心中总留着一点点因失去而来的哀伤。

有句谚语说得好："爱情不是强扭的，幸福不是天赐的。"有些东西注定不是你的，你再留恋再喜欢最后也不得不放弃。

既然如此，为何不在对方不再爱你或者你追求不到你的爱的时候，主动地放手呢？

晨和欣是在工作时认识的，欣不仅长得漂亮，还十分稳重，这正是晨喜欢的。欣平时不怎么喜欢说话，每次都是晨有事没事去找她聊，时间久了自然就成了好朋友。

当晨见不到她的时候，就感觉心里空空的，见到她的时候，就会特别高兴，所以每天都盼着上班，工作自然特别有劲。可好景不长，欣因病辞了工作，之后见面的机会就少了很多。

对于晨来说，见不到欣的日子就是煎熬，感觉做什么都没有意义，他这才意识到自己已经爱上了她。但他不敢表白，因为这是他的初恋，害怕说出后会遭到拒绝。

最后，晨还是鼓起勇气向欣表白了，欣觉得很惊讶，说让她考虑考虑，当时晨以为有希望。谁知道两天之后，欣对他说，他们不合适。被拒绝了，晨依然没有死心，第二天他去找欣，希望有奇迹可以出现，但欣果断地拒绝了他。

离开欣后，本以为自己会非常难过，却发现自己轻松了许多。他不知道自己为什么如此平静，难道以前对欣的爱恋都是一种错觉吗？难道自己从来没有真的爱上过她吗？当初为了她甚至可以抛开一切，可是为什么被拒绝后，反而没有想象中的难过……最终，他明白了，就像人们常说的那样，爱她只要她幸福就可以了。

对于得不到的东西，我们往往会在心中把它想成是一件完美的东西。这或许是人们对于得不到的东西总是苦苦追求和不肯放手的原因吧。很多人总是为得不到或者迫不得以放手而郁郁寡欢。

其实，当你放手后，你并不像很多人想的那样痛苦，相反，你很有可能在退一步之后感受到前所未有的轻松。退一步想想，你只是失去了一个不喜欢你的人，你只是回到了认识她以前的日子，这样一看，我们并没有失去任何东西。更重要的是，当你选择了放手后，你才能有机会在将来收获一份真正的爱情。

人们常说，在对的时候遇见对的人，是一种幸福；在对的时候遇见错的人，是一种遗憾；在错的时候遇见对的人是一种伤心；在错的时候遇见错的人是一种叹息。所以，拥有不了就学会放手吧。

那时，他还是一个小男孩。有一次，邻居家的小朋友要抢他的玩具，他紧紧抓住不放，结果对方就狠狠地打了他一拳。疼痛难忍的他不得不放手，然后小朋友得意地说了一句：“看，要你放手还不简单。”小男孩觉得自己受到了很大的伤害，也正是因为这句话，他在心里暗下决心，以后不管遇到了什么情况都决不轻易放手。

长大后他找到了一位女朋友，他们在一起生活得很开心。可是有一天女孩提出了分手，要离开他们住的小屋，他抓住女孩的手不让她离开，挣扎中的女孩狠狠地咬了他一下，男孩痛了就放手了。在以后的日子里，他抓东西的手就从来没松开过，直到另一位女孩出现。

这位女孩很同情他，并积极开导他。后来，女孩爱上了他，并对他付出了真挚的感情，可他仍然放不下以前的感情。女孩把他带到大海边，拿出一件挂坠把它放在男孩的手里看着大海喊着他的名字：“我想和你永远在一起，我愿意用我最重要的东西来换。”说完不舍地看了看手中的挂坠最后一眼，毫不犹豫地把挂坠扔向了大海。

他说：“这样值得吗？”

女孩只说了句：“放手没有你想的那么难。”

他怔了怔没有说话，好久，他哭了，哭得好伤心。他把她抱在怀里，对着大海说：“我会忘记她的，我们会过得很好的。”不久他们就走进了婚姻的殿堂，接受了所有的祝福，幸福地生活在一起。

失败的婚恋对于任何人来说都是一杯苦酒。对于感情细腻的人而言，那份伤痛则会深深地烙在心灵上，伴随着生命的整个旅程。然而，与生命相比，爱情只不过是人生的一小部分。如果故事中的男主人公没有经历过一番痛彻心扉的爱恋，他一定不会领悟到一份真爱是多么地来之不易。有时候，经历了一些不美好的事物，并非一件坏事。

当爱情走远的时候，无论是发生在自己或者对方身上，放手是唯一的出路，也是最明智的选择。如果不能放弃曾经的美好，不能放下曾经的执著，只会让更多的痛苦压在自己的心上。失去了一个爱人，但不能因此丧失了爱的能力，他可以不爱你，但他不能阻止你爱自己，你也不要让他的离去剥夺了你重新开始享受快乐幸福的机会。

当爱情走远，学会用微笑送别吧，但你依然要继续相信爱情，相信有一个人正在茫茫的人海中寻觅你，相信这也是离开你的那个人所希望看到的。其实，放手也是爱他人和爱自己的一种体现，若是你真的了解爱情的含义，就会明白一直抓着不放的事物其实也不过如此罢了，眼前所拥有的才更珍贵……因为放手并不是痛苦，它是坦荡，是感悟，是在漫天飞雪里忽然见到的阳光。

3.宁可错过，也不要做错

爱情需要正确的选择。

每个人都希望自己的恋爱能一帆风顺，能一次就找到陪伴自己终生的那个人。然而，这对大多数人来说并不现实。因为两个本来陌生的人，从相识、相知到相恋，是一个很长的过程，而且要长久地在一起，不是光有爱就行的。甚至有时，爱还会成为伤害我们的武器。

对于这些互相爱恋却最终不能走到一起的人，我们只能说这是一种悲哀。如果这个人或者这段感情不适合你的话，还是赶紧地放手吧！即使你再爱对方，但是他不适合你，最终你只会爱得伤痕累累，留下痛苦的回忆。

她和男友在一起两年了，这两年来，她过得并不是很幸福。因为男友疑心重，看到有异性打电话给她，就数落她的不是。如果看到有异性跟她说话，他们甚至会因此吵起来。

为了男友，不管是同学还是朋友的电话联系方式她全部删除。在生活中，也从不和男生说话。可是即使如此，他还是怀疑她跟其他异性有联系。

最后，无论她如何解释，他都不信。于是女孩想想，既然两个人连这么点信任都没有，何必还在一起呢？更何况他们经常吵架，甚至还大打出手。记得有一次，他喝醉了，把她的脸都打肿了。

她一个人跑出了他们住的房子，之后他来找她，说再给他一次机会，说是自己太爱她了。虽然她决定再给他一次机会。可是现在的她对这段感情已经没有任何信心了。

爱是相互付出、相互理解，两个人在一起更重要的是信任。一个整天把“爱”放在嘴边的人，如果连最起码的信任都没有，做什么事情都不顾及对方的感受的话，那么这种爱就是一种空话，还是不要的好。

爱一个人是没有错的，如果这种爱错了，那就是你所选择的那个人并不合适你，而他对你的这种爱只会把你伤得更深。为何不好好地爱惜自己，果断地把这份爱放下呢？有一种爱，叫作无可奈何；有一种爱，叫作放手；有一种爱，很美，也让人很痛很累。相遇是一种缘，相识相恋更是一种缘，缘起而聚，缘尽而散。当你在这段感情里感觉不到幸福，并且觉得这份爱情并不适合你，那么就不如果断地放手。

诗函有一段时间因为工作上出现了问题，给公司造成了不必要的损失，被老板给开除了。一瞬间，她从写字楼里的高级白领成为了一个没有收入的无业游民，让她难以接受。为此，极为世俗的男友也离开了他，很快和另外一个女孩好上了。

遭受了双重打击的诗函十分痛苦，整天以泪洗面。就在这时，高中同学王波出现在了她的生活里，不断地对她嘘寒问暖，带她外地旅游散心。很快，诗函就走出了生活和事业的阴霾，而王波也得到了她的爱。

很多朋友都劝诗函，她和王波在一起并不合适：第一，文化差距太大。诗函本科毕业，而王波只是高中毕业，而且还是一个不求上进的人；第二，他没有固定职业。

诗函不管那么多，她觉得王波对她那么好，如何丢下他，拒绝他的爱，她于心不忍。

一年后，诗函重返职场。在工作中，诗函喜欢上了他的一位客户，他叫李鹏。两个人在一起谈得很投机，仿佛有说不完的话。在她的眼中，王波怎么能和李鹏相比？况且，她早已经走出爱情失败的阴影，已经不需要王波这个男人的温情了，所以，她立即投入李鹏的怀抱。

当诗函向王波提出分手时，王波竟然威胁她："要是胆敢跟我分手，就有你好看的。"他不但用语言威胁诗函，还跟踪她。后来，王波知道了诗函跟他分手的真正原因后，王波向诗函索要10万块钱损失费，经过讨价还价，诗函给了王波5万，才算了结此事。

如果当初诗函能认识到，自己只不过因为空虚、寂寞而踏入了一段不适合自己的感情的话，王波就不可能乘虚而入。对于不适合自己的人以及感情，我们一定要拒绝和放弃，不要与对方保持暧昧。否则，这段感情不但不会给自己带来幸福和快乐，反而生出许多麻烦，让自己伤痕累累，甚至一辈子都无法走出阴霾。

4.痛彻心扉的放手

爱无缘就不要强求。

“在天愿作比翼鸟，在地愿为连理枝”是每一个人的爱情梦想。爱情是生活中最美丽的篇章和最优美的诗句，爱情是照亮黑夜的明灯，使得处在黑夜中的人看到光明，爱情是燃烧的火种，让一个人对未来的生活充满无限的希望。如果这个世界缺少了爱情的话，那么就不会有斑斓的色彩和丰富的层次。当我们沉浸在爱情的幸福中时，心理就会被甜蜜的味道所灌满。拥有爱情的人时时刻刻想着天长地久、比翼双飞。可惜，并不完美的世界似乎也决定了所有的爱情结局未必就是圆满的，世事难料犹如一个魔咒会在一个人毫无准备的时候突然降临，不少的爱情结局出现了劳燕分飞，甚至反目成仇。

失恋的不幸，成就了不少多情的诗人，一篇篇让人听来肝肠寸断的诗歌篇章在失恋的痛苦中诞生，丰富了文学的宝库，但是又戕害了多少美丽的生命。当一个人颓废地唱着：“抽刀断水水更流，举杯消愁愁更愁”的时候，所体现出来的不仅仅是优美凄冷的词句，更多的是一个陷入黑暗和痛苦中的心灵。失恋的打击折磨得你如痴如狂，把一个原本乐观开朗的你撞成了精神上的残废，在剩下的岁月里，你沉浸在对往事的回忆之中不能自拔，荒废了事业，忽视了人生的风景，虽然肉体还在，但是灵魂已经死了。

我们的哲学中对爱情讲究的是一个缘分。当爱情不能挽留的时候，只能说明两个人注定了此生的无缘。在需要放手的时候，我们应该从容地放开那些不属于自己的东西，不能够让它成为生活的羁绊。为了失去的爱情而痛哭流涕，你不仅会失去太阳，还会错过星星。爱情是美丽的，但却并不代表生命中的全部。死去活来的选择，只是一种幼稚和软弱的表现。面对抛弃了你的人，大度地为她（他）祝福可能一时间无法做到，但是我们要在最快的时间里为自己受伤的心灵进行医疗，早日走出黑暗和伤痛的阴影。毕竟，生活中的很多事情不能过于强求，我们要学会放弃。

有一个年轻的小伙子和一个漂亮的女孩恋爱了3年之久。当他准备和心爱的人走向婚姻殿堂的时候，他的女友投向了另一个人的怀抱。小伙子十分痛苦，选择了借酒消愁，每日里烂醉如泥，惹是生非。街上的人见到他，纷纷在暗地里指指点点，遇到他想发泄的时候，迎面而来的人总要纷纷避让，以免引火烧身，招惹事端。

一个德高望重的老人实在看不下去他这种颓废的样子，就呵斥他说："破罐破摔有什么出息，有本事你把她追回来呀。"

"可是，她马上要嫁给别人了。"年轻人哀怨地说。

"既然她要嫁人了，你还留恋什么？"老者问道。

"不是留恋，而是痛恨她，她觉得我没钱，没本事，瞧不起我。"年轻人颓唐地说。

"你就这么没出息，任由人家看不起你吗？如果你有本事，你就找机会展示给她看！"老人义正严词地说。

"可是我现在一无所有呀！"年轻人哀怨地说道。

"可是你还有今天，你还有明天，你还有年轻的身体，这些足够了！"老者说道。

在老人耐心的开导下，年轻人终于明白了，他鼓起勇气，转身离开了。

几年之后，衣着光鲜的小伙子回到了家乡，找到了那位教诲他的老人。老人告诉他，那个女人已经嫁给了富商。年轻人笑了笑，说："一切都已经过去了，您教给我的不仅仅是怎么忘掉一个女人，更重要的是教会了我做人的道理。我现在已经有了美丽的妻子、可爱的孩子，这些都是您的恩赐啊。"

爱情中的放弃无疑是痛苦的，但是如果不懂得放弃，我们的情绪很可能就会走向毁灭。在需要作出选择的时候，每个人应该用一种壮士断腕的理智。失败的爱情，犹如枯萎的花朵，我们死死抓着不放的时候，就好比蜜蜂仍在花朵上拼命吮吸，这时候，花的甜蜜已经没有了，蜜蜂吮吸的就变成了毒汁。当你展开翅膀，飞向高处时，就会发现枯萎的花朵周围处处是芬芳的花香，在豁然开朗的时候，你可能就会后悔和嘲笑自己当初的幼稚和愚蠢。

5.让爱情不去比较

珍惜拥有。

大多数人都在经过多次恋爱后才慢慢找到最合适自己的那个人。每当下一次恋爱的时候，有些人常常有意无意地把新的对象和以前的恋人进行比较，这种比较对新的对象来说不公平。因为他们总会记得以前情人对他们是多么地好，因而产生对后来者的失望和百般挑剔，导致爱情更加不顺利，加重自己的自卑和自伤的心理。

还有许多人放不下爱人的过去，从而对他们的经历耿耿于怀，他们总是对对方过去的爱情刨根问底，在想象中塑造着对方往日恋人的形象，然后拿来和自己反复做比较，在这种比较中，常常会产生忌妒、愤怒、自卑等消极情绪，从而构成对自己目前恋情的致命威胁。

张乐跟高新交往了两个月，并确定了恋爱关系。她总喜欢问高新："是我好，还是你以前的女友好?"或者是"是我漂亮，还是你以前的女朋友漂亮?"每次，男孩都会被这样的发问弄得既尴尬又扫兴。

一次，张乐无意中得知男友的银行卡密码是他前任女朋友的生日，她大发雷霆，觉得高新还爱着以前的女孩，很伤心地向他提出分手。

这一次，高新显得也很生气，他认真地对女孩说："现在的我们感情这么好，为什么非要总把以前的事情摆在眼前，让我们两个人起争执呢？我爱的是现在的你，不是过去的她。不要再去比较了，那是没有意义的!"

张乐仔细想了想，认识到是自己太任性了。总是去碰触他曾经的伤疤，也许他回想起来会更痛苦。既然他现在选择的是和自己在一起，那么又何必在意他曾经属于谁呢。

每个人都会有过去，恋爱关系和婚姻关系的正常解体也并不是什么丢人的事，分手与被分手，如果对双方都有好处的话就应该积极对待，至少没有让错误继续下去甚至扩大的必要。

其实，真诚的爱都是一样的。但既然已经选择了分手，必定会有一些怎么也不能在一起的原因。如此，我们何必因为过去的虚无而错失现在的幸福呢?对他的宽容，也是对感情的负责。

爱情是不能比较的，一味地比较只能证明你对这次的爱情没有信心。除此之外，比较似乎会让人上瘾。只要尝过一次"更好"的滋味，就想寻求更多的"更好"。我们的眼睛总是盯着别处，而看不到自己眼前的风景。

在大学时代，张新和同班同学赵思是一对令人羡慕的恋人，两个人的感情一直都很稳定，由于大学毕业后，赵思去了美国留学，所以他们经过协商友好地分手了。

后来，一名叫作李芳的女护士闯进了张新的视线，经过长时间观察，张新觉得李芳虽然只是高中毕业，但人长得很漂亮，而且为人热情、大方、善良而又有耐心。由于自己是个事业狂，所以，他希望自己未来的妻子是个贤内助，是一个他事业上的助手。他觉得像李芳这样的女孩正合适，于是他对李芳展开了狂热的追求，最终李芳成为了他的恋人。

为了避免麻烦，张新从没跟李芳说过他之前的恋情。而张新和李芳的感情也越来越热烈，甚至到了谈婚论嫁的地步。也正如张新所料，李芳果然对他的事业帮助很大，休班的时候，李芳会到张新的住处，帮助他打扫房间、洗衣、做饭，有时还帮助他查阅、打印资料，两个人都充分享受着爱情的甜蜜和美满。

可是，有一天，李芳从他的一位大学同学那里听到关于他跟赵思的恋情，她认为张新之所以向她隐瞒这段恋情，一是因为赵思出国而抛弃了他，他出于一个男人的自尊而不愿意对自己提起；二是因为他至今都忘不了赵思，而自己则完全是张新用来掩饰心灵创伤的一张创可贴罢了，她为自己成了赵思在张新心目中的替代品而感到可悲。

所以那天回来后，李芳跟张新大闹了一场，尽管张新百般解释自己是一心一意地爱着她，至于赵思，那完全属于过去，自己对她已经没有爱的感觉了，但是在李芳的心中还是从此产生了疙瘩，在以后两个人交往的过程中，李芳处处自觉或不自觉地拿赵思来说事，有时候都让张新防不胜防。

有时，他们聊天的时候，李芳就猛地来一句："你以前是不是也这样跟赵思说。"如果有时候李芳做错了什么事情，张新向她提点意见，她常常反唇相讥："对不起，我就是这种水平，谁叫你要找我这个低学历、没本事的女朋友呢，后悔了吧！"

一次，张新去美国出差，李芳一边帮他收拾行李，一边问：“马上就要见到初恋情人了，心理一定很激动吧！”当时张新急着整理一些资料，就没顾得上答理李芳，这让她更加误会了，她又说：“好马也要吃回头草，如果现在赵思还是一个人的话，你们这次就在美国破镜重圆了吧！”

张新有点不耐烦地说了一句：“你怎么又拿赵思说事，烦不烦啊！”不料，李芳脸色大变：“我学历低，不能和你比翼双飞，你当然烦我呢，要烦了就明说，别遮着捂着，搞那一套此地无银的伎俩，我不是那种没有自尊、非赖上一个男人不可的人。”说着转身离去了。

由于马上就要起程去美国，所以张新想等着回国再跟她解释，可是令他没想到的是，等他回国后，她已经火速地交上了一个男朋友，她对他说：“我现在的男朋友各个方面都不如你，但他对我特别坦诚，我这么快找了一个人，也是为了逼自己坚决离开你。”

恋人的前一段感情往往容易导致后来者对以往的人或事耿耿于怀，而且不断地提醒恋人“永远不要忘记。”如此一来，那个原本已经成为了过去的、跟现在毫不相干的人便长期纠缠在两个人的爱情生活中，最终导致了爱情危机。

其实，既然两个人当初选择在一起了，就代表了对对方的肯定，至少在交往的时候，大家确定对方是自己可以相守一生的伴侣。所以，为了让自己在爱情的道路上少走点弯路，不要拿现在的他（她）跟过去的情人比。毕竟爱情本身是没有可比性的。

6.不忠之爱，恬然面对

乌云散去就是明朗。

爱情是美好的，人类几千年的历史留下了许多让人热泪盈眶的悲欢离合。一个个美丽的传说激励鼓舞着我们在情感的道路上寻找一份内心深处的幸福。可是，命运总是喜欢捉弄感情丰富而又十分脆弱的人们。小心翼翼地呵护着的情感，瞬间化作了过往云烟，留下一个孤独痛苦的身影在黑夜里徘徊，巨大的心灵创伤让多少痴情的种子暗自饮泣，痛不欲生。生活在世的我们，很可能会因为这飞来的横祸而迷失堕落，丧失了生活的信心，失去了寻求幸福的心情，过着以泪洗面的痛苦生活。在这个时候，我们应该从爱情的辛酸之中，选择一种理智的思维。情感生活是重要的，却并不是生命的全部，我们应该及时地抽出身来，告别内心的伤痛。毕竟，生活的道路还很长，生命中还有很多值得欣赏的风景。

普希金是俄国著名的民主主义战士，也是俄国历史上极为有名的诗人，深得广大人民的喜爱。可是，一个才华横溢的生命，却在一场爱情的变故中消失，几百年来，仍然让人感到惋惜。

1828年，普希金在一个舞会中认识了18岁的娜达利娅。这位漂亮的女孩子犹如刚刚开放的玫瑰，娇艳欲滴，清香诱人。多情的普希金见到之后魂不守舍，认为这就是自己寻找陪伴终生的另一半。当场向娜达利娅求婚，但遭到了拒绝。普希金并没有因为这次的失败而退缩，开始了漫长的追求过程。终于在1830年的时候实现了心中的梦想。才华出众的普希金和倾城倾国的娜达利娅结合，得到了朋友们的祝福，认为这是郎才女貌的天作之合。

结婚之后，普希金陶醉在了幸福之中。而向妻子表达爱意的方式就是他视之为生命的诗歌、可惜，妻子对他的才华并不感兴趣，柔情的诗句在她听来和枯燥的公文一样乏味。有一次，几个朋友来普希金家，朗诵普希金写过的诗歌，娜达利娅只是礼貌地听着，客气而又冷漠地说："朗诵你们的吧，反正我也不听。"对诗歌的冷淡让朋友们面面相觑。

普希金虽然满腹经纶才高八斗，可是妻子却只是贪图物质享受，爱慕虚荣。两个人在一起，很难找到共同语言。当普希金把这位貌若天仙的女子娶进门后，幸福的日子持续了没有多长时间，就被娜达利娅无尽的欲望折磨的疲惫不堪。为了维持妻子体面的生活，普希金在短短的几年之内就欠下了六万卢布的巨额债务。高额的债务把这位浪漫的诗人压得抬不起头来，频繁的应酬使他丧失了宝贵的写作时间。他在给朋友的信中写道："对生活的操心使我没时间感到寂寞，我已经没有单身汉时的自由自在地用来写作的时间了。我的妻子非常时髦，这一切都需要钱。而钱我只能通过写作来获得。而写作需要幽静，单独一人……"然而，作为家庭主妇的娜达利娅却从不关心丈夫的感受，继续出入于各个交际场中，享受着糜烂的生活。

娜达利娅看到当初崇拜不已的丈夫是一个穷光蛋之后，开始了对他漫长的抱怨。后来感到这位只懂得长吟短叹的诗人无法再支撑她所需要的生活之后，便和一个军官打得火热。妻子的变心让自尊心很强的普希金无法接受，决定采用西方特有的方式和那个军官决斗，捍卫自己的爱情和尊严。在1837年1月27日，两个人的决斗在彼得堡外的黑山进行，在决斗中，普希金的心脏停止了跳动。他的死，让朋友们感到十分的伤心，也让俄国的文学史上失去了最灿烂的明星。

面对对方的不忠，我们千万不要在恼怒中丧失了理智，而要用一颗平常心来看待。一次的背叛未必是情感生活的终结，也无法代表幸福的永别。相反的，却为我们寻找真爱提供了具有价值的经验，能够在以后的情感道路上走的更稳健、更正确。毕竟，乌云遮住天空只是一时的黑暗，不久之后的天空依然会呈现明朗的色调。

7.感谢曾经伤害过你的人

有时，痛苦并不一定是件坏事，只有经历痛苦，才能化茧成蝶。

在人生的轨迹中，经常会遇到两种对自己的态度截然不同的人。一种人是帮助你的人，另一种人是刺伤了你的人。对于帮助你的人自然要有感恩的心，对于刺伤了你的人并不能一味地去抱怨和仇恨。相反的，而是要大度地对他们表示感谢。毕竟，因为他们的伤害才让我们有了进一步的成长和成熟。对待亲人朋友宽容要容易些，对待陌生人和情敌要难许多，即便如此，也要放平心态，选择宽容。世上没有过不去的火焰山，也不可能存在一辈子的仇恨。

那些刺伤过你的人，带给你的并不只是一时间的疼痛和愤恨。除此之外，他们的伤害能够让一个脆弱的人走向坚强，能够给你一个痛定思痛的机会，逆境之中磨砺了一个人的意志，发誓要做出值得自己骄傲、能够让别人羡慕的事业来。在痛苦之后，更加珍惜当前的拥有，加倍努力地去完成自己的奋斗目标，激励着你在痛苦中不断前进。伤害能够让一个人不断地成熟起来，懂得了什么样的人生是真正的生活，在日后的选择中能够三思而后行，考虑问题会周全一些，对待别人也能够做到真正地将心比心，提高我们的道德修养和境界。

在非洲草原上，牧民们常常会毫不费力地收获到野马肉，这种不需要通过任何付出而得来的收获全靠一种不起眼动物的帮助。

这种不起眼的动物叫吸血蝙蝠，它的身体很小，因为靠吸食动物的血液生存而得名。这一种丝毫不起眼的动物，很难让人想象能够是野马的天敌。它在吸食野马血液时，常附在马腿上，用锋利的牙齿极敏捷地刺破野马的腿，然后用尖尖的嘴吸血。

野马难以承受这种外来的攻击，被蝙蝠叮咬之后，立即开始狂躁地跳跃、急速地狂奔，但是却丝毫不能摆脱巨大的痛苦。蝙蝠从容地吸附在野马身上，或是落在野马头上，让野马痛不欲生。等到吸饱喝足后，才满意地飞去。而野马却常常在暴怒、狂奔、流血中无可奈何地死去。

这种现象让动物学家们感到百思不得其解，他们一致认为吸血蝙蝠所吸的血量是微不足道的，远不会将野马置于死地，那么是什么导致了野马的死亡呢？事实上，野马之死悲剧发生的真正原因是其暴怒的习性和狂奔。对野马来说，蝙蝠吸血只不过是其成长过程中的一种外因，而就是这一外因激发了野马暴怒的习性，最终导致野马丧命。

俗话说：“佛争一炷香，人争一口气”。而这一口气却往往能够把一个完整的生命摧残掉。世界上没有一个人会因情绪而获得好处，也没有人因情绪而改变自己的境遇。而情绪无时无刻都伴随着我们，我们虽然无法做到心如止水、没有丝毫情绪的波澜，但我们却应学会理性地控制自己的情绪，要时常在心里提醒自己：“这些小事还烦不倒我，我没必要为这些事而生气”，提醒自己不要被别人的伤害控制了自己的心情，控制好自己的情绪。

当我们拿花送给别人时，首先闻到花香的是我们自己，当我们抓起泥巴想抛向别人时，首先弄脏的是我们自己的手。假如我们转身面向阳光，就不可能陷在阴影里，光明使我们看见许多东西，也使我们看不见许多东西，假如没有黑夜，我们便看不到天上闪亮的星辰，即便是曾经一度使我们难以承受的痛苦，也不会是完全没有价值，它可以使我们的意志更坚定，思想更成熟。

8.痛过才懂得爱

爱过才知情重，痛过方知爱真。

每个人都渴望着风花雪月的浪漫，渴望在鸡尾酒会和莫扎特的音乐中度过悠然的岁月。梦想着举手投足间的雍容华贵，丰衣足食下的谈吐风雅。然而，这个世上并没有太多的浪漫等待着我们，绝大部分的人只是烟火夫妻，过着一种柴米油盐的生活。有时候，女人可能会抱怨丈夫的无能，后悔当时的一时情迷意乱而错嫁给了一个没有出息的男人。其实这只不过是意气用事之后的气话而已，因为每个人的爱情和婚姻，都是经过了理智的分析之后才作出的选择。选择了几十年的长相厮守和相濡以沫，在平凡的日子里默默地为对方作出牺牲和贡献。

俗话说："女为悦己者容。"很多的女人对自己的容貌服装都十分的在意，甚至达到了苛刻的地步，有时候还会为眼角的一丝皱纹而黯然泪下，除了爱美的天性之外，更多的是怕失去青春岁月，被岁月偷走了红颜之后，更恐惧失去丈夫对她们的爱。而大大咧咧的男人却很少把这些事情放在心上，当老婆面对着镜子感慨韶华不再青春已逝的时候，而她们的丈夫却很可能一边叼着香烟一边在抱怨着妻子的多愁善感，或者是武断地认为老婆的更年期提前来临。这些话，无疑是非常刺耳的，敏感的女人可能会因此大闹一场，男人对此只会莫明其妙地瞪大了眼睛而不知所措，发出女人真难搞懂的感慨。其实，这些只不过是生活中极其微小的插曲而已，没有必要为此大动肝火。爱情和婚姻中的细节，并不是想象中的那样面面俱到，我们应该大度地来看待这一切。往往有时候，经过一场痛彻心扉所谓伤害之后才能够懂得爱的真谛，了解自己在对方心中的位置。

赵鑫和周敏是一对青梅竹马的恋人。

有一天，赵鑫和周敏手牵着手在逛街。走到一家首饰店的门口时，摆在玻璃柜中的那条心形的金项链让周敏的眼睛放出贪婪的光来，她在心里想：“我细长而又白净的脖子，只有配上这条项链才能好看。”于是央求着男友买下来这条项链送给她作为礼物。

赵鑫摸了摸自己的钱包，脸红了，他每个月两千多块钱的工资实在买不起这么昂贵的项链，只好避开周敏恋恋不舍的目光，拉着女孩走开了。

几个星期以后，周敏的25岁生日到了。赵鑫为女友举行了一个生日派对。在宴会上，男孩喝下几瓶啤酒之后，红着脸拿出了给女朋友准备的生日礼物，正是周敏心仪已久的那条心形的金项链。周敏高兴地当众给了赵鑫一个热烈的吻。

赵鑫的脸又红了，用一种非常低的声音说：“不过……这……这项链是铜的……”他的声音虽然很小，但所有的客人都听见了。女孩的脸蓦地涨得通红，感觉自己受到了莫大的侮辱。她把正准备戴到自己那白皙漂亮脖子上的项链揉成一团随便放在了牛仔裤的口袋里，赌气地举起酒杯：“来，喝酒！”直到宴会结束，女孩再也没看男孩一眼。

不久，一个叫魏永刚的男人闯进了周敏的生活。他用一种炫耀的口气说，他什么也没有，只有钱。当他把闪闪发光的金饰戴到周敏身上时，同时也俘虏了她的那颗爱慕虚荣的心。两个人打得火热，他们很快在外面租了一间房子同居了，开始了周敏心中的美丽浪漫的爱情生活。

魏永刚对周敏百依百顺，可谓是要星星不给月亮，让这个涉世未深的女孩感动的一塌糊涂，暗暗庆幸自己在男孩与男人之间的选择。可惜好景不长，一段时间以后，周敏怀孕了，当她满脸幸福地准备告诉魏永刚要做妈妈的时候，却发现魏永刚已经有了别的女人，悄悄地从她的身边离开了。周敏犹如一下子跌进了深渊之中，不知所措。

房东再一次来催她缴房租了，而她却一分钱也没有，只好走进了当铺，把自己所有的金饰摆在了柜台上。老板眯了眼睛看了一眼说：“你拿这么多镀金首饰来，是不是觉得我们当铺不识货啊?” 周敏一下愣住了，犹如一盆冷水浇在自己的头上。这时候老板的眼一亮，扒开一堆首饰，拿出最下面的那条项链说：“嗯，这倒是一条真金的项链，值一点儿钱。”女孩回过神来，看了看那条项链，心里想：“这不就是赵鑫送给我的那一条铜项链吗?”想起和赵鑫在一起的日子，她泪如雨下，当铺老板把玩着那条心形的项链问：“喂，你打算当多少钱?” 周敏却忽然一把夺过那条项链就走了……

面对喧嚣的世界，有太多的表象迷惑了我们的眼睛，甜言蜜语代表不了爱情的纯洁，海誓山盟也未必能够兑现。只有当我们受到伤害的时候，才能找到那份真挚感情的存在。知道这个世界上最关心你的人所在的位置。

第三辑

不气馁：笑对人生，从头再来

人在征途，不会永远一帆风顺。不管昨日成功还是失败，都要有一种“静看花枯荣，淡视云卷舒”的心境。不管前方是坦途还是坎坷，艳阳还是阴霾，都能淡然豁达的面对。当你看透成败输赢，就会不沉溺、不执著、不妄念，成败皆心安。

1.失败，亦不是终结点

笑看失败，才能雨过“心”晴。

在人生的博弈中，没有永远的输家，也没有永远的赢家。失败是生命中永不缺少的乐符，这样的生命乐谱才能够抑扬顿挫，才能够丰满和华美。输得起是种勇敢，赢得起是种信念。

在争取成功的道路上，通常也是如此，我们越是害怕失败，失败越是跟着我们不放。如果我们对失败有一颗平常心，那么我们或许会赢在最后。

有的人认为认输很难做到，其实，认输之所以难做到，是因为它看起来就是承认失败。在我们所受到的教育里，强者是不认输的。所以，我们常被一些高昂而英雄的光彩词语所激励，以不屈不挠、坚定不移的精神和意志坚持到底，永不言悔。

淘到人生第一桶金的时候，也是我们第一次得到教训的时候。但创业难，守业更难，在现在多元化的社会竞争中，我们不但面临着许多商机，也随时面临着倒闭。谁也不能预测出，后面的路是否一直都是那么平坦，因此我们只可以凭借自己的力量创造更宽的路。

机会抓住后，风险也是时时存在的，所以我们要时时刻刻谨慎小心，从游到河中间的那一刻开始随时准备好应付突如其来的状况，并一一地加以克服。这时，我们若能从经验中学习控制身体的技巧，就能避开一些障碍。

达美乐餐馆连锁店的老板汤姆·莫纳汉在创业中接连失败，但他能从跌倒中反省，寻找跌倒的原因，懂得怎么样才能反败为胜。

汤姆·莫纳汉起初是和哥哥在一所大学附近开了一家比较小的比萨饼店，生意很不好。当生意越来越糟糕的时候，哥哥把自己的股份卖给了汤姆。面对沉重的打击，汤姆一直保持着乐观的心态，他知道生意是要靠不停地跌倒累积而成的，他愿意从跌倒中吸取教训，以便能更好地做自己的生意，于是他天天待在店里照顾生意。

后来，为了扩大生意，他和一位提供免费家庭送餐服务的人合作，对方提出只支付500美元的投资，却可以取得平等的合作人资格。汤姆接受了这一不合理要求，然而，当合作方案正式开始之后，却仍看不到合伙人的500美元。

大约两年后，汤姆破产了，并且还要承担75万元的债务。就在一瞬间，他失去了一切。这次跌倒他受的打击很大，但他并没有心灰意冷，还是决定从头再来。

终于，他在第二年偿还了所有的债务，并赚了5万美元。但是，灾难远远没有结束，他的饼店被一场大火毁了，损失了15万美元，保险公司却只支付给他13万美元。他几乎又面临破产。

这是他生意场上的第三次跌倒，他仍然没有放弃，三年后，他再一次卷土重来，这次他拥有了12家比萨店，并且还有十几家在建设中。但是由于规模扩大过快，出现了资金短缺，使整个达美乐陷入了财政危机。

这是汤姆在生意场上的第四次跌倒。10个月后，汤姆重新接管了达美乐，他让债权人和银行给了他一段时间，让他将生意恢复起来。大多数人都同意了，但是他的专营店授权商们以反托拉斯的诉状将达美乐送上了法庭，汤姆忍不住无助地哭了。这是汤姆经营达美乐的又一次跌倒。

尽管如此，汤姆还是没有放弃，在接下来的9年里，他缓慢地恢复自己的生意，经过努力，他不仅偿还了所有的债务，还使达美乐生存了下来。在这几年里，他还使达美乐成为世界上最大的送货上门的商业机构，由此，汤姆成为美国最富有的企业家之一。

汤姆经历了一次又一次的跌倒，但他始终都没有退缩，每一次都勇敢地站起来，最终达到了事业的顶峰。要知道，挫折未必是一件坏事，不过是让我们多了一份阅历，多了一笔财富。因此，当我们面临失败的时候，就把它当作一次课程来上吧，这无疑是个学习的好机会。

不敢置身于危险中的人是绝对无法获得成功的。既然成功与失败的概率都相同，失败以后又可以卷土重来，那我们为何不搏一搏？人是需要这种“置之死地而后生”的意志和勇气的。同时，奋斗的内涵不仅仅是英雄不言败、不屈不挠和坚定不移，还包括修正目标和调整方位。一条胡同走到黑的并不是英雄，死不认输只会把自己给毁掉。

有这样一句话：“成功不是终点，失败也不是终结。”我们要把它牢牢地记在心中，然后像汤姆那样，把输赢看得淡些，正确地看待输赢，重要的是要实实在在地走好每一步，正确判断自己前进的方向。那些害怕失败或仅经历过一次失败便畏缩不前的人，是无论如何也不能赢得最后的胜利的。

2.不放弃，希望就在拐角处

放弃才是最大的失败。

谁的人生都不会一帆风顺，挫折和磨难是在所难免的。不过一次失败并不代表你将永远不能取得成功。只要及时总结经验再试一次，继续拼搏，终有一天会硕果累累。

一位成功的职业经理人说过这样的一句话："面对失败不放弃努力，不放弃自我，用'再试一次'的勇气，去重新寻找目标，锲而不舍地攻破一切难关，永不言败。"这就是一个成功者的成功之道。这位经理人从一个普通的业务员到部门经理，到分公司经理，再到总经理，实现了一次又一次的飞跃。成功之前的他曾经经历过无数次的失败，但是只要有一线希望，就绝不放弃。

在美国有这样一个人，他的父亲是一位赌徒，母亲是一个酒鬼。在这样的环境下，他高中的时候就辍学在街头当起了混混。直到20岁的时候，一件很偶然的事让他突然醒悟："自己不能再这样下去了，否则就会成为社会的垃圾。"所以，他决心要走一条与父母迥然不同的道路，要活出个人样来。但是，他能做什么呢？

经过长时间的思索，他觉得自己要找到一份正式的工作没有什么可能，因为自己没学历、没经验、没有技术；经商，又没本钱……他想到了当演员：当演员，不要资本、不需名声，他认为也许这是自己今后唯一出头的机会。

于是，他就独身一人来到好莱坞，找明星，找导演，找制片……找一切可能使他成为演员的人。但是，他一次又一次被拒绝了，但是他并没有因此而伤心难过，因为他早已经作好了被拒绝的心理准备。

随后，他又重新去找人……很不幸，一晃半年过去了，身上的钱也花光了，他只好在好莱坞做些粗重的零活，这之后的两年里他遭到的拒绝差不多有1000多次。

“也许我真不是当演员的料，难道酒赌世家的孩子只能是酒鬼、赌鬼吗？不行，我一定要成功！”他暗自垂泪，失声痛哭。随后他想出了一个“迂回前进”的思路：先写剧本，待剧本被导演看中后，再要求当演员。两年的求职经验已经让当时的他具备了写电影剧本的基础知识，他不再是一个门外汉了。

一年后，剧本写出来了，他又拿着剧本四处遍访导演，“让我当男主角吧，我一定行！”在多次碰壁后，终于有一位导演被他的精神感动，答应给他一次机会。为了这一刻，他已经做了三年多的准备，终于可以一试身手。机会来之不易，他竭尽全力，全身心地投入其中。三年的努力没有白费，他获得了巨大的成功，他的电影创下了全美国最高的收视纪录！

这个人就是世界顶尖的电影巨星：史泰龙。

每个人都渴望得到成功，因为我们不是由于失败而来到了这个世界的，我们的身体里不会任由失败的血液不停地流淌，唯有成功才能彰显我们生命的意义。但是要明白远大的成功并不是每一个人都能取得的，我们要永远知道，不管走了多少路，仍然会遭遇失败。然而也永远不要就此放弃，因为机会也许就在下一个转角处，只要再前进一步，再试一次，或许就能取得成功。

这就好像用斧头砍击参天大树，头几刀可能了无痕迹，每一击看似微不足道，但“试一次，再试一次”……积累起来，巨树终会倒下。

其实，每一次失败都会增加下一次成功的机会，这一次的拒绝就是下一次的赞同，这一次的皱起眉头就是下一次舒展的笑容。今天的不幸，往往预示着明天的好运。只要锲而不舍，就没有实现不了的成功。每一位成功者都是从脚下起航的，前进一步也许非常微小，但是只要他一直前进，永不停滞和退缩，就总有一天能与成功握手。

现在我们来看看，松下幸之助年轻的时候一次求职的故事：

年轻的时候，松下想去一家电器厂工作，这家工厂的人事主管看他衣着肮脏，身体又瘦又小，觉得不适合，就信口说道：“我们这里暂时不缺人，你一个月以后再来看看吧。”

这本来是别人委婉的拒绝，没想到一个月后松下真的来了，那位负责人又推托说：“今天有事，过几天再说吧。”隔了几天松下又来了，如此反复了多次，主管只好直接说出自己的态度：“你这样脏兮兮的是进不了我们工厂的。”

于是松下立即找朋友借钱买了一身整齐的衣服穿上再来面试。负责人看他如此有诚意，只好说：“你对电器方面的知识知道得太少了，我们不能要你。”

不料两个月后，松下再次出现在人事主管面前：“我已经把有关电器方面的书全看了，您现在看我哪方面还有差距，我一项项来弥补。”这位人事主管被松下的精神给感动了，看了他半天才说：“我干这一行几十年了，还是第一次遇到像你这样来找工作的。我真佩服你的耐心和韧性。”

就这样，松下幸之助靠着他这种不轻言放弃的精神打动了主管，他得到了这份工作。并通过不断努力成为了电器行业的非凡人物。

“不经历风雨，怎么见彩虹，没有人能随随便便成功。”这句歌词充分道出了曾经的“风雨”对一个人有多么的重要。如果一个创业者从没经过挫折和打击，那么很可能偶尔的一次失败就能让他一蹶不振，让他对自己失去信心。

巴斯德有这样一句话：“告诉你我达到目标的奥妙吧，我唯一的力量就是我的坚持精神。”

在这个世界上，获得成功的人并不是最聪明的人，而是目标明确、锲而不舍、永不放弃的人！

愚公移山的故事里有一句耐人寻味的话：“我死之后，还有儿子，儿子死后，还有孙子，子子孙孙是没有穷尽的。”人生在世，如果遇到合适的机会，就要紧紧抓住，多试几次，你就可能达到成功的彼岸！只要锲而不舍，相信铁棒也会磨成针的。

3.相信自己，是一种力量

你相信自己，别人才不会轻视你。

美国思想家爱默生说：“自信是成功的第一秘诀。”自信对成功的作用是非常大的。人们在遭遇失败后，能继续爬起来向目标前进就是因为他们心中依然有自信。其实真正的成功者即使他们信心受到打击，他们也能重拾自信，让自己有勇气面对一切。

从他出生的那一刻起不知道父母是谁，后来幸运地被一对大学教授夫妇收养。2岁的时候，他身体发生了状况：突然停止了长高，而且他的健康状况也越来越差。经过专家会诊，他患的是一种罕见的阻碍食物消化和营养吸收的疾病，医生们认为他只能再活3个月了。还好，通过静脉注射营养液，勉强使他恢复了体力，他活了下来，但是他的生长发育受到了抑制。

在他的童年记忆里，一直离不开医院和病床。直到10岁那年，他第一次真正走出医院，像正常人一样生活。不过，周围的孩子们总嘲笑他，并且给他取了一个“花生豆”的外号。

多年以后，他回忆道：“看到那些发育正常的孩子，我就梦想在体育上能取得一些成功。”有时，他的姐姐琳达会去滑冰场滑冰，他总是跟着一起去。他站在场外，那么虚弱瘦小、发育不良，鼻子里还插了一根通到胃里的鼻饲管。

一天，他看着姐姐在冰面上飞驰，突然萌生出一种冲动，他突然转身对父母说：“我想试试滑冰。”两个正在谈话的大人吓了一跳，他们无法相信这个病弱的孩子能滑冰。结果，在他失败了20多次后，他竟真的学会了滑冰。他感觉自己在滑冰之中找到了乐趣，他可以胜过别人，最重要的是在滑冰场上，没有人会在意你的身高和体重。

奇迹接连发生了，在第二年的健康检查中，医生发现他竟然又开始长个儿了。虽然对他来说，要长成正常人的高度已经是不可能了，但是他和他的家人都不在乎。重要的是他正在恢复健康，正在获得成功，正在实现自己的梦想。

后来，没有任何一个孩子再戏弄他了。相反，他们全都冲上前去请他签名。“他刚刚又参加了一次令人赞叹的世界职业滑冰巡回赛，一系列高难度的冰上动作让观众如痴如狂。”新闻报道中，他滑冰的模样简直像个英雄。

现在，虽然他已经不再是职业滑冰选手了，但是他仍旧是冬季运动中受人尊敬的教练和评论员。这个滑冰场上的英雄就是前奥运滑冰冠军斯科特·汉弥尔顿：一个即使失败多次，依然能重拾自信取得成功的真正的英雄。

人生中难免会有很多挫折或障碍，同时所有的挫折都藏匿着成长和发展的种子。但能发现这种子，就需要我们不要畏惧挫折，重拾丢失的自信，看向远方，只有这样我们才能聚集全身力量走出困境。

挫折是通往成功彼岸的前奏曲，要想成功，就一定会遭受挫折，谁也躲不过。有时我们会被挫折或者磨难打击，从而对梦想以及生活失去信心，但我们千万别忘记了给自己打气，重拾自信。如此，人生才会没有任何遗憾。

1951年，英国女医生弗兰克林从自己拍摄的X射线衍射中发现了DNA双螺旋结构。对于当时来说，这是个很大的发现。所以经过一番研究之后，她大胆地提出了假设，并以此为题做了一次非常出色的演讲。

然而，当时很多权威人士对此提出了怀疑，甚至有人对她所拍照片的真实性和假说的可靠性产生了质疑。在这强大的压力下，弗兰克林开始动摇，开始怀疑自己假设的正确性，开始怀疑自己的能力。弗兰克林想：或许是自己太不自量力了。于是，她开始退却，并开始公开否认自己提出的假说。就这样，她再也没有继续研究下去。

直到1953年，科学家沃森和克里克证实了这个假说，与莫里斯·威尔金斯共同分享了1962年的诺贝尔生理学或医学奖。

弗兰克林不是缺少智慧，而是缺少重拾自信的勇气。自信是智慧的催生剂之一，没有自信，智慧很难催生出来。我们每个人都应该拥有自信，并且能在别人的打击下，重拾自信，相信自己能靠努力来改变命运。

一个人只有在失败后，依然相信自己，别人才不敢轻视你。就像法国文学家罗曼·罗兰所说："先相信自己，相信自己能够主宰自己的命运，然后别人才会相信你。"拥有自信的人就像天空翱翔的雄鹰，在暴风雨来袭时能够无所畏惧地勇敢搏击。

人生有辉煌的时候，自然就有低谷的时候。在低谷的时候，一些人难免会丢失信心。要想好好地生活，我们就要自己给自己打气，重拾信心，勇敢地面对自己，不要把自己放逐在惆怅之中，失去了再次走向成功的机会。

4.自救，走出困境的钥匙

冲破黎明前的黑暗，才能见到胜利的曙光。

在漫漫的人生旅途中，谁都难免陷入各种困局，冲破了就是成功，冲不破就是失败。这时，人们因为恐惧陷入死局，就会下意识地向别人寻求帮助，反而忘了自身因素才是导致成败的决定性因素。

与其求助于他人，不如自己帮助自己。唯有在逆境中懂得自救的人，方能在今后昂首挺胸地走过人生之河。就像《鲁滨孙漂流记》和《汤姆·索亚历险记》中的主人公，都是在身陷绝境的情况下，依旧冷静下来自己寻找出路，坚持不懈地努力，最终摆脱困境。

拿破仑在一次去郊外打猎的途中，突然听见不远处的河里有人喊救命，便快步走到河边。只见一个男子在水中拼命扑腾、呼喊挣扎。

拿破仑发现这河并不宽。于是，他不但没有跳下河去救人，反而端起猎枪，对准落水者，大声喊道："你若再不自己游上来，我就把你打死在水里！"

那人见求救无望，反而更添一层危险，便只好奋力自救，终于游到了岸边。

身边的随从脸色不禁有些难看，小声嘟囔着："这也太残忍了！连一点爱心都没有。"

此时，拿破仑收起了厉色的威严，转而心平气和地对随从说："我之所以拿枪逼迫让他自己游上岸来，是想告诉他，自己的生命本就应该自己负责。"

其实，我们都有可能掉入人生的"枯井"之中，所遭遇的种种困难和挫折就是外界加诸在身上的"泥沙"。与其凄惨地号叫，抱怨命运的不公或是渴望他人的怜悯和帮助，不如换个角度来看，把它们当作一块块的垫脚石。只要坚持不懈地将它们抖落掉，然后站上去，那么即使是掉落到最深的井里，我们也依然能走出枯竭之井。

从更广义的范围上来说，自救也是"物竞天择，适者生存"的自然要求。如果适应不了大环境，我们的结局就只能是被淘汰。自救是一个不断改变、进化的过程：在审时度势的基础上，最大限度地与周围的事物、人或自然去磨合，扼住"求生点"，从而转换局势。从适应环境到利用环境，自救的门道也就算是炉火纯青了。

我们总说，每个人遇到各种苦难或厄运的概率是相同的，不同的是各自对待困境的态度。坚韧不拔的信念和希望让人们创造出奇迹，他们深知身处逆境的第一时间，救世主只有也必须是自己。

2008 年 5 月 12 日的四川，没有人会忘记。

5 月 16 日下午 5 点，在北川县城核心现场，有一股从背后深山逃出的人流，他们的眼神充满了对亲人的依恋，生怕再次分开。其中有一对兄妹俩，11 岁的张吉万背着 3 岁半的妹妹张韩，非常吃力地走着。同行的爷爷、奶奶已经老了，父母在外打工，小吉万就勇敢地担负起小男子汉的责任。早上 5 点出发，一直走了 12 个小时还没停。途中，小吉万对家人说，他很爱妹妹。

还有，北川女子龚天秀砸腿、喝血，亲手锯腿，被困 3 天后获救。

还有，初三学生马健双手刨挖 4 小时，从废墟中救出女同学。

……

还有太多在四川地震中自救互救的英雄们，他们没有等待，没有放弃，而是抱着笃定要活下去的念头，冷静而坚强，在困境中自救。他们用自己的智慧和勇气保护和挽救了自己以及他人的生命。

积极的人绝不会坐失对自己有用的手段或机会，他们会最大限度地利用一切可调动的资源和条件。他们会在看起来似乎毫无希望的时候发现生机，从而化险为夷、转逆为顺。大自然可以给我们的，除了困境，还有困境中积极的生活态度。

遇到困境，总是环顾左右、希望别人拉一把的人，也许能较快地逃离暂时的不幸，但在不远的前方还有多少困境，谁也无法预料。他们一旦失去外界的援助，就会在困境中不能自拔，甚至自甘堕落。而在逆境中懂得自救的人，也许在苦痛中煎熬的时间会长一些，但他们从中锻炼并增强了战胜困难的信心和勇气，当再一次身逢逆境时，就能变得从容而机智。

5.克服自卑心理，大放光芒

世界上每个人都是独一无二的，要相信自己，并善于发现自己的优点。

这是一个充满竞争的时代，竞争之中难免会出现输赢。我们中的有些人会在竞争失败或者工作不见起色时认为自己毫无优点可言，在自卑心理的作用下终日愁眉不展，闷闷不乐，甚至觉得天色惨淡，日月无光。其实，人的智力大致都是一样的，除了极个别的天才之外，智商水平的差别是微乎其微到忽略不计的程度。这个世界上，没有任何人天生注定就要失败。人们之所以有着风光无限和碌碌无为的分类，除了先天性家庭出身条件的优劣之外，更多的则是取决于个人的心态。再者，含着金钥匙出生的人，或许有着一时的风光，但未必能够保持终生的富裕。

一个人是从来不会被打败的，能打败他的也只有他自己。假如我们总是觉得自己是一个笨拙的人，经常面临着不幸，自卑到无以复加的地步，那就真的永无出头之日了。其实，我们也一样可以取得别人所取得的成就，怕的就是没有这方面的信心而已。黑人运动员萨·佩奇说：“没有人能避免自己是天生的普通人，但也没有任何人注定就是平庸之辈。”面对现实的不公平，存在抱怨的心理正是说明了我们不甘心于平淡的生活，假如我们能够正确地运用这种不服气，那么它就会转化成一股强大的精神力量，去激励着自己创造美好的未来，让生活过的更加多姿多彩。

公元前202年，为庆贺楚汉战争的胜利，汉高祖在南宫大设宴席与群臣欢聚。席间，汉高祖说：“今日畅饮诸位不要隐瞒尽管直说，我与项羽相比为什么我能得天下项羽失天下？”王陵答：“项羽待人傲慢无礼陛下对人仁慈尊敬陛下以利让人，派人攻城掠地，凡攻占的你就用来赏赐有功之人，项羽嫉贤妒能，战胜不酬有功之人，得地不与人分利并且迫害功臣，所以项羽失天下”高祖说：“得人心者得天下，失人心者失天下这是一方面；另一方面，重用人才得天下排斥人才失天下。对我来说，运筹帷幄之中决胜千里之外不如张良；治理国家安抚百姓保证作战物资源源不断不如萧何；统率百万大军攻必克战必胜不如韩信。张良，萧何，韩信，都是当世杰出人才，我都一一重用；而项羽，只有一个人才范增，还排斥不用，项羽这个孤家寡人怎会不被我擒杀呢？”群臣听了这番话，茅塞顿开，点头称是。

当初看到秦始皇巡游的队伍，只是一个小小亭长的刘邦发出“大丈夫当如此”的感慨，那种内心的自信超越了很多人的想象范围，刘邦从一介布衣而登上天子之位，并不是所天命所归，而在于他的那种自信精神，能够了解自己优秀与别人优秀的地方。这些，都是狂傲自大且缺乏自知之明的项羽所不可比的。尽管项羽出身世代贵族，但最终却因为自高自大而失败，自刎于乌江河畔。

宋代大文豪苏轼和佛印禅师是好朋友，两个人经常在一起谈经论道。有一次两个人坐在一起参禅，苏轼忽然问佛印：“你看我是什么。”佛印说：“我看你是一尊佛。”苏轼闻之欣欣然，好像自己真的成了佛一样。佛印又问苏轼：“那么，你看我是什么？”苏轼却想捉弄一下这位朋友，就说道：“我看你是一坨屎。”说罢放肆地大声笑了起来。佛印听后闭上眼睛摇了摇头，轻轻地笑了一下就再也没有作声。苏轼自以为占了大便宜，很得意地跑回家见到苏小妹，向她吹嘘自己今天如何用三寸不烂之舌难为住了这位大师。苏小妹听了直摇头，戳着他的脑袋说道，“哥哥，今天占便宜的可不是你，你的境界也太低了，佛印心中有佛，看万物都是佛。你心中有屎，所以看别人也就都是一坨屎。”

我们从这个故事中也可以看出，物象只是精神世界的产物。更可以这样理解：心胸开阔的人总会发现自己的优点，心胸狭隘的人生活在一片阴影当中，看待神秘事物都是阴暗和丑恶的。

“天生我材必有用”，是李白的著名诗句。这句话可以拿来让我们做座右铭。当遇到生活的不顺心、事业的坎坷挫折时，没有必要垂头丧气，世界上的每一个人都是独一无二的，没有必要觉得事事不如人，克服掉自卑的心理，那么大放光芒和异彩纷呈的人生就会不远了。

6.找到属于自己的发光点

韧性是斩断困难羁绊的利斧。

生活中不少的人是具有使命感和责任心的，但努力的结果未必能够如愿。百思不得其解之际，难免会感慨着自己的能力不及。我们经常可以看到有才华的人做起事情未必得心应手，屡屡碰壁之后，抒发着明珠暗投的悲伤感慨。

每个人都是一座未开垦的金矿，成功与否在于勤奋背后的热情和自信。是金子，放在瓦砾堆中也照样发出耀眼的光芒。困难的羁绊、现实的苦恼，反而会更加反衬出金子的可贵。我们缺乏的，不是脚踏实地的奋斗，而是火焰般的激情和应有的自信。如果我们坚信是金子总会发光，在工作中以满腔的热忱去做哪怕是最平常的工作，也会走向事业的巅峰。如果缺乏信心，用一种悲观冷淡的情绪去做不平凡的工作，最终依然会停留在人生的低谷中

是金子总会发光，是金子永远也不会贬值。人生道路上，我们可能会饱受各种不幸和挫折，在这个时候，我们需要的不是崩溃退缩，而是更坚强的信心，相信自己就是闪光的金子，相信自己必定能够获得成功。

战国时，秦军在长平之战中大败赵国，坑杀降卒四十万，白起率秦军包围了赵国都城邯郸。大敌当前，赵国形势万分危急。赵王命君，去楚国求兵解围。平原君把门客召集起来，想挑选20个文武全才的人一起去。经过几次三番地挑选之后，还缺一个人。门下有一个叫毛遂的人，向平原君自我推荐说："毛遂

听说先生将要到楚国去签订‘合纵’盟约，约定与门客二十人一同前往，现在还少一个人，希望先生就以毛遂凑足人数出发吧！”平原君说：“先生来到门下有几年了？”毛遂说：“到现在三年了。”平原君说：“贤能的人士处在世界上，好比锥子处在囊中，它的尖梢立即就要显现出来。现在，处在我的门下已经三年了，左右的人们对你没有称赞过，我也没有听到对你的评价，这恐怕是因为先生没有什么才能的缘故。所以先生还是留在邯郸吧。”毛遂说：“我没有露出锋芒是因为您没有把我放进囊中罢了，如果我早就处在囊中的话，就会像禾穗的尖芒那样，整个锋芒都会挺露出来，不单单仅是尖梢露出来而已。”平原君听后心中称奇便同意让毛遂和他一同前往楚国。其他随行的19个人却在私下里一直嘲笑他。

到了楚国，楚王只接见平原君一个人。两人从早晨谈到中午，还没有结果。毛遂大步跨上楚王宫殿的台阶，大声地喊道：“出兵的事，非利即害，非害即利，简单而又明白，为何议而不决？”楚王非常恼恨他的无理，问平原君：“此人是谁？”平原君答道：“此人名叫毛遂，乃是我的门客！”楚王喝道：“你赶快出去！我和你主人说话，你有什么资格站在这里？”毛遂见楚王发怒，反而又走上几个台阶。他手按宝剑，对楚王说：“如今十步之内，大王性命在我手中！”楚王心中恐惧，只好让毛遂坐下陈述他的观点。毛遂对出兵援赵的原因和对楚国的利害关系向楚王作了非常精辟的分析。毛遂的一番话，说得楚王茅塞顿开，决定立刻出兵援救邯郸。不几天，楚、魏等国联合出兵援赵，将秦军击退，使赵国转危为安。平原君回赵后，待毛遂为上宾。他很感叹地说：“毛先生一至楚，楚王就不敢小看赵国了。”毛遂的故事在邯郸城成为了美谈。

美国有句谚语“世界总是张开双手，准备接纳英才。”在生活中，我们需要“天生我材必有用”的信念，相信自己的能力，以饱满的热情和舍我其谁的豪迈气概来面对生活，面对职场，相信自己，必将能够到达胜利的彼岸。

7.找到属于自己的那片天地

失败不是因为无能，而是因为不自信。

我们生在一个处处充满竞争的时代，沉重的工作压力成了这个时代共同的话题。在报纸上经常见到大学生就业形势严峻的报道。社会上对这种痛苦的磨难众说纷纭，归结为学术贬值问题，阶级问题等等。其实，这是因为就业人口供大于求的社会现状所导致的一种严峻现实。有些人看到这些报道时，会暗自庆幸目前自己还拥有着一份可以养家糊口的职业，有些人因为刚刚辞职在家的原因，看到这些报道之后更加的悲观和厌倦。其实，这完全走入了一个误区。我国的就业形势，并非媒体渲染的那样充满了恐惧的严峻，每个人都有发挥自己特长的权利和机会，而其中的区别，取决于一个人的心态。暂时的困境，只是“龙游浅水，虎落平阳”，经过一番休整之后，积极地去面对那些困难的时候，一定能够找到自己的用武之地。即使是偶尔的几次碰壁，证明的只不过是“好事多磨”这个亘古不变的道理而已，完全没有必要去为所谓的“前途渺茫”而悲戚流泪。

杜冬梅是一个来自西部穷苦山区的女孩，封闭的大山和树林溪水构成了她的世界，对山外的世界一无所知。由于家庭条件困难，中学毕业后，她不能和其他人一样选择通过高中而考上大学的成才道路。而是选择了一所中专的文秘专业。两年之后就毕业了。在这个学士硕士满天飞的时代，只有中专文凭的杜冬梅简直算不了什么。当她拿着中专毕业证四处奔波找工作的过程中，遭到了不少蔑视的白眼，听到了很多侮辱的话语，应聘文秘工作，简历投了上百份，都像石沉大海一样，毫无音讯。处处碰壁之后，杜冬梅本想和村里其他女孩一样回到山里过那种面朝黄土背朝天的生活来了却余生，但是又不甘心终生的平庸和默默无闻。万般无奈之下，她选择了一家流水线工厂做了工人。每当下班之后，都感到浑身酸痛疲惫不堪，很多工友都倒头便睡，而杜冬梅却拖着疲惫的身子埋头苦读，就这样坚持了两年的时间，最终通过自考考取了高级文秘证书。

冬梅带着希望和信心来到了另一个比自己家乡更为发达的城市。尽管在求职的过程中坎坷不平，但是她还是凭着自己的坚韧和能力，应聘到了一个文秘的职位。工作是找到了，但由于是自考文凭，那些全日制大学毕业的同事们对这个“山寨大学生”却没有认同感，经常会不经意地流露出对她的轻视之意。杜冬梅暗下决心，一定要用自己的实力来证明自己。

有一次，一个大客户来公司和老总谈一个业务，但是不知是哪个环节出现了问题，该客户的态度变得很不友好，准备放弃这次交易。老总脸色也不好看，大家都心想这个业务是泡汤了。这时冬梅把话题接了过来。老总本以为冬梅只是在帮他打圆场，挽回点儿面子，谁知冬梅话锋一转，通过有力的数据证明和战略分析，把客户说的频频点头。最终，将这张大单子签了下来。

在客户走后，公司里响起了雷鸣般的掌声。同事们对她刮目相看。老总把她升为总经理助理。

在山林中，只要听到虎啸的声音，大大小小的动物都会拔腿而逃，这就是王者的力量。给自己一些信心，相信自己属于王者，那么所有的困难就会向你俯首称臣，成功的桂冠就会在不远处静候着你的到来。只要我们以积极的心态对待自己，发奋学习、不断提升，对工作保持着一份认真和热忱，树立自己的品牌和勇气，相信总会遇到慧眼识英才的伯乐来承认你，接受你。届时，你的事业发展就会畅通无阻了。

第四辑

不贪婪：适时放弃，收获美丽

欲望永无止境。若能少一些欲望，就能多一份宁静和平淡；若能少一份贪念，就能多一份朴实和快乐。守一颗恬淡之心，拥一份淡然之美，幸福和快乐就会与你常相伴。

1.鱼与熊掌难兼得

幸福是用代价换取的。

先贤孟子曾说过：“鱼，我所欲也，熊掌，亦我所欲也，两者不可得兼。”就是说在人生旅途中，我们经常会遭遇到许多两难的问题。选择就意味着要放弃其中一样，可是，有时我们所面对的并非西瓜和芝麻这样简单的选择，它有可能是两种你同样喜爱，并都想得到的东西，让你两样都难抛下。

这时，你该如何去做呢？问题的关键所在，就是要认清真正需要什么，哪一种对我们更重要，这样才能找到我们前进的方向。方向找对了，选择也就相对容易了。

有一个年轻人很想在一切方面都比别人强，尤其是想成为一名大学问家。于是，他拼命地看书，学习各种知识。可是多年过去了，他的学问却没有多大的长进。对此，他很苦恼，就去向一位教授求教。

教授在听完他的倾诉后，说道："我们去登山吧，当到山顶的时候你就会明白了。"

年轻人跟着教授开始登山，那座山有许多晶莹的小石头，煞是迷人。每当见到喜欢的石头，教授就让年轻人捡起来装进袋子里背着，很快他就有些吃不消了。

可是他离山顶还远着呢！于是，他就停下脚步疑惑地望着教授说："教授，我干吗要背这些石头呀？再背，别说到山顶，恐怕连走也走不动了。"

"是呀，那该怎么办呢？"教授微微一笑。

年轻人不假思索地说："要不放下吧，不背了。"

"这就对了！"教授笑道，一脸的灿烂。年轻人恍然大悟，愉快地向教授道谢便走了。从此以后，他一心做学问，很快就成为了远近闻名的大学问家。

一方面想要在各个方面都比别人强，一方面想着成为大学问家。故事中年轻人的状态，正是现代人的常态。要明白，人的精力有限，不可能面面俱到。想要得到一切的人，最终可能什么也得不到。

很多时候，我们必须要学会舍弃，必须明白做任何事都需要代价，想要鱼，熊掌就是代价，反之亦然。两者都想要，其实仍是一种贪念。不够成熟的人总天真地以为世界上有两全其美，却不知命运不会给人太多的东西，有其一就没有其二，鱼是你的，熊掌就是别人的。

现实生活中，人们的欲望总是无边无际，物欲、情欲、权欲、金钱欲……为了满足这些生不带来、死不带去的形形色色的永远也无法填满的欲望，尔虞我诈，活得相当累，他们成了欲望的奴隶。

一个沿街流浪的乞丐，饱经风霜，于是每天总在想，假如我手头要有两万元钱，我就知足了。

一天，一只看上去干净、富贵的小狗跑到了他的跟前，乞丐见四周没人，便把狗抱回了他住的窑洞里，拴了起来。没想到，这只狗的主人居然是当地有名的大富翁。富翁丢狗后十分着急，因为这是一只纯正的进口名犬。于是，富翁就在当地电视台发了一则寻狗启事：如有拾到者请速还，并付酬金两万元。

第二天，乞丐沿街行乞，看到这则启事时，心中大喜，急忙就要抱着小狗去领那两万元酬金，可当他匆匆忙忙抱着狗又路过贴启事处时，发现启事上的酬金已变成了3万元。原来，大富翁寻狗不着，十分着急，又打电话通知电视台，把酬金提高到了3万元。

乞丐简直不敢相信自己的眼睛，向前走的脚步突然间停了下来，想了想又转身将狗抱回了窑洞，重新拴了起来。第三天，酬金果然又涨了，第四天又涨了，直到第七天，酬金涨到了让市民都感到惊讶时，乞丐这才跑回窑洞去抱狗。可想不到的是那只可爱的小狗已被活活地饿死了，而乞丐当然还是原来的乞丐。

其实人人都有欲望，都想过美满幸福的生活，希望丰衣足食，这是人生存的合理欲求。但是，如果把这种欲望变成不合理的欲求，变成无止境的贪婪，那我们无形之中就成了欲望的奴隶。这时，尽管我们常常感到自己非常累，但仍觉不满足，因为在我们看来，很多人比自己的生活更富足，很多人的权力比自己大，所以我们别无出路，只能硬着头皮往前冲，在无奈中透支着体力、精力与生命。

永不知足其实是一种病态心理，其病因多是权力、地位、金钱……这种病态如果发展下去，就是贪得无厌、欲壑难填，其结局只能是自我毁灭。

在生活中，当我们遇到“鱼和熊掌”不可兼得的情况，或被无穷无尽的欲望所累时，不如暂时忍痛割爱，放下一些贪念，这不是逃避、不是懦弱，而是明智的选择，只有如此才能开始崭新的历程。

2.别让欲望吞噬了你

欲望与幸福成反比。

动物界有这样一种动物，它们常常不是死于自己的天敌，而是死于自己的欲望，它们就是北极熊。在北极圈里，北极熊没有什么天敌，但是因纽特人却可以轻易地逮到它。

因纽特人的方法很简单，他们先把北极熊最爱的食物——海豹杀死，然后把它的血倒进一个水桶里，用一把两刃的匕首插在血液中间。因为北极地区气温很低，所以海豹血液很快就能凝固，匕首就被冻在血中间，像一个巨大的棒冰。随后，因纽特人把棒冰倒出来，丢在雪原上。

嗜血如命是北极熊的一个特性。就算几公里以外有血腥味，北极熊依然能用鼻子嗅到。当它闻到因纽特人丢在雪地上的血棒冰的气味时，就迅速赶到，并开始舔起美味的血棒冰。舔着舔着，它的舌头渐渐麻木，但是无论如何，它也不愿意放弃这样的美食。忽然，血的味道变得越来越好，那是更新鲜的血，温热的血。

原来，那正是它自己的鲜血：当它舔到棒冰的中央部分，埋在中央的匕首划破了它的舌头，温热的血冒了出来。此时，它的舌头早已麻木，没有了感觉，而鼻子却很敏感，知道新鲜的血来了。于是不停地舔下去，这样舌头伤得越来越严重，血流得越来越多，最后它因为失血过多，休克昏厥过去。就这样，因纽特人不必花什么力气，就能将它捕获。

生活中，几乎没有人想做嗜血而亡的北极熊，但在物欲面前，许多人就像那个北极熊一样，因为那么一点点的贪念而被自己的鲜血引诱，从而欲望大增，最终被自己所舔舐的“棒冰”刺杀。

那么面对这些诱惑，我们该怎么办呢？我们要搞清楚，我们是没有能力让这些诱惑消失的。我们唯一的办法就是控制自己，让自己在诱惑面前保持清醒的头脑，认清潜在的危险。

陈小列是一家服装公司的设计师，得过几个奖项，在当地也算是小有名气。

在一次时装发布会的筹备过程中，有一家竞争公司的老总暗地里接洽陈小列，说非常欣赏他的才华，并且表示如果陈小列愿意到他们那里工作，可以成为首席设计师，而且薪水也会比现在的公司高两倍。

成为首席设计师一直是陈小列的梦想，更何况还有那么高的薪水，陈小列苦苦挣扎后，知道了对方不是单纯地冲自己的能力而来，应该是为了得到公司这一次的设计图。

权衡以后陈小列断然拒绝了对方公司的笼络，并将此事告知了老板，严密防范对方窃取机密。而陈小列也因为这件事得到了老板的赏识，经常把一些重要的设计交给他完成，一年后公司的首席设计师跳槽了，老板让陈小列当上了该公司的首席设计师，薪水也增加了不少。

如果陈小列一时没能克制住自己的贪欲，而选择跳槽。那么，当对方把所求之事办成之后，他的价值也将一落千丈，更严重的是，恐怕这行里的人都会知道你是一个出卖公司利益的人，再没有人敢与你合作或聘用你。

因此，当一个诱惑出现在你面前的时候，我们要保持清醒的头脑，看看自己是否有能力把这个好东西物尽其用，如果不能的话，就断然地放弃，否则就会像北极熊那样被自己的欲望所刺杀。

我们很多人就是被过多的欲望所诱，结果总是跟在欲望后面跑来跑去，两手空空地走完自己的一生。知足者能够认识到无止境的欲望带来的痛苦。由于太贪婪了，欲望太强了，而其能力又有限，这必然会导致可怕的后果。

伊索说过："许多人想得到更多的东西，却把现在拥有的也失去了。"这句话可以说是对得不偿失最好的诠释了。人生太多的沮丧都是因为得不到想要的东西。其实，我们辛辛苦苦地奔波劳碌，最终的结局不都是只剩下埋葬我们身体的那点土地吗?

托尔斯泰曾经说过："欲望越小，人生就越幸福。"人生最大的苦恼，不在于自己拥有得太少，而在于自己向往得太多。向往本身不是坏事，但向往得太多，而自己的能力又达不到，就会构成长久的失望与不满。

因此，不管我们做什么，都要适可而止，把握有度。能力所及的事，不要过于强求自己，放弃那些无止境的沉重的欲望，这样才不会徒增烦恼与压力，才能轻松享受生活，稳步取得成功。

3.守住欲望的底线

欲望无穷尽。

法国启蒙运动代表人物卢梭认为，现代人物欲太盛，他说："10岁时被糖果俘虏，20岁被恋人俘虏，30岁被快乐俘虏，40岁被野心俘虏，50岁被贪婪所俘虏。人到什么时候才能只追求睿智呢?"可见，内心不能清净是物欲太盛所导致的。

人生在世，不是说不能有欲望，欲望在一定程度上是促进社会发展和自我实现的动力。可是，除了生存的欲望以外，要有节制地预防其他欲望的侵害，时常提醒自己，要淡泊明志，只有内心干净，才不至于腐化变质。

老子说："罪莫大于可欲，祸莫大于不知足；咎莫大于欲得。故知足之足，常足矣。"这句话就是说，天下最大的祸患是我们不懂得知足，最大的罪过是我们贪欲过多。

欲望会使一个单纯的人变得复杂，能使一个善良的人变得邪恶。人只要一打开欲望的魔盒，就会忘乎所以地想得到更多，结果虽然得到了不少好东西，但也失去了自己最重要的东西，比如健康、爱情、生命，等等。

有个年轻人与朋友做生意经常被骗，他不知道原因在哪里。于是就向一位智者请教，智者说："你先给我价值100万元货物，我来给你做一个实验，3个月之内你就会明白你被骗的原因在哪里，并保证让你不损失一分钱。"

年轻人答应了。智者帮助年轻人找到了甲、乙、丙三个店铺商人，提出了有一批货和他们合作，先给货后付钱。于是，智者在这三个商人的店里分别放了 1 万元钱的货。

一个月后，商人丙率先来找智者。铺子大，周转得快，丙把货款还上后，还提出要从智者这儿进更多的货。不久，商人乙、商人甲都来还了货款，均要求从他这儿进更多的货。智者分别给了每个人 3 万元的货。

年轻人说，他们还挺讲信用应该多给他们货。智者只是笑笑。又一个月后，商人丙和乙还了钱进了更多的货，商人甲却没来。智者带着年轻人到了甲的店铺，却已是人去屋空。

年轻人说，他真不讲信用，智者没说什么。这回智者给了丙和乙各 5 万元的货。又过了一个月，商人乙的铺子和甲一样人去屋空，年轻人很是吃惊。

而商人丙继续赊走了 8 万元的货。一个月后，丙按时还钱。智者赊给商人丙 15 万元的货。一个月后，丙又按时还钱。于是，智者赊给商人丙 30 万元的货。一个月后，丙没再来。

事后，智者这样总结："每一个人都有面对诱惑的底线，商人甲是 3 万元；商人乙是 5 万元；商人丙相对诚信，但他也有底线，那就是 30 万元，这就是人性。至于三个商人带走的钱，你不用担心，他们正在接受法官的审判。"

渴望赚到更多的钱，但也要走正规的路。很多时候，人的欲望其实只是美丽的憧憬，也许在某一天实现，也许在某一天破灭。就像故事中的甲、乙、丙三人在面对钱财带来的巨大诱惑时，谁都没能克制住，以致最后相继携款潜逃，与幸福背道而驰。

现实生活中，我们经常听到很多人说"活得很累"。我们可以静下心来仔细分析，所谓的"活得很累"只不过是欲望过多的"心累"，是因为被权力、地位、名利、金钱、美色等欲望折磨而感觉累。

从前，有一个乞丐很想过上富人一样的生活，一位老神仙可怜他，便给了他一张藏宝图，送给了他四个字："知足常乐"。

乞丐看到藏宝图马上就心动了，看了看上面标明的寻宝路线，立即准备好了一切出行要用的东西，并还特意拿了四五个大袋子打算用它们来装宝物。一切准备就绪后，他上路了。经过各种磨难，他终于找到了第一个宝藏，宝藏里堆满了闪闪发光的金子。

他急忙掏出一个袋子，把所有的金子装了进去。这时，他想起了老神仙给他的那四个字，笑了笑，心想，谁愿意丢下这闪闪发光的金子呢？如果有人丢下了，那这个人一定是个傻子。

于是，他没留下一块金子，接着扛着装有金子的袋子往第二个藏金子的地方走去。又是一堆金子出现在了他的眼前。他高兴极了，甚至有些兴奋。像上次一样，他把所有的金子又放进了一个袋子。当他出来时，看到了门上写着一行字："放弃下一个屋子中的宝物，你会得到更宝贵的东西。"他没理会门上的忠告，继续往第三个宝藏走去。第三个宝藏里面堆满了钻石，他发红的眼睛中泛着亮光，贪婪的双手抓起钻石，就往袋子里放。突然他发现在钻石的下面有一扇小门。

他心想，这下面一定有更多更好的东西。于是，他毫不迟疑地打开门跳了下去。谁知，等着他的不是金银财宝，而是一片流沙。他在流沙中不停地挣扎着，可是越挣扎陷得越深，最终他与他的金子一起埋在了流沙下面。

乞丐想过上富人的生活，老神仙给了他实现梦想的机会，但他却不懂得适可而止，最终连自己的性命也搭了进去。这样的结局不是老神仙在跟他开玩笑，而是他的贪心酿成的悲剧。

欲望太多，对人有害，这番道理谁都明白，但真正能放下贪欲的却少之又少。我们会看到有的人为了赚钱去违法犯罪，这种人成了欲望的牺牲品，等到醒悟时却连悔恨都来不及了。

因此，为了控制我们的欲望，我们需要给欲望设一个底线，当欲望超过了这个底线的时候，我们就要断然放弃。

有时候，欲望是我们前进的动力，有了我们期望的东西，我们才会为之努力奋斗。但是，欲望是应该设置底线的，一旦欲望膨胀，人们就会迷失自我，过分地追逐欲望，只会相对地失去好多的东西。

总而言之，人生的价值并非一定要追求官居高位，家财万贯。周围的环境是否和谐，工作是否尽职，内心是否平静，身体是否健康，家庭是否幸福，同样值得我们向往和追求。所以，我们不妨记住：守住欲望的底线，就是守住快乐的人生。

4.拨开欲望的迷雾

欲望似迷雾，能遮住双眼。

佛经中说："欲生诸烦恼，欲为生苦本。"这里的"欲"就是欲望，是幸福的最大障碍。心中有欲望，我们想追求的东西就会越来越多，可是现实是残酷的，注定要让我们即使付出了努力，也无法获得，这样诸多般的不快乐就这样产生了。

曾经有一个寓言故事，讲的是一个国王总觉得生活缺少快乐，于是决定去寻找世上最快乐的人。他首先想到的是有钱的商人，国王问他："你是最快乐的人吗？"

商人摇摇头，愤恨地回答："现在的商界变化无穷，我随时都可能变成一个穷光蛋，我根本就快乐不起来。"

之后，国王又问有权的大臣："你是最快乐的人吗？"

大臣大惊失色，说道："我不是，微臣官位小，稍有不慎，就有被罢官的可能。所以我得努力向上爬，为百姓效力，没有时间去想快乐的事。"

最后，国王听说了有一个乞丐活得最快乐。于是就去问乞丐："你为什么觉得自己是最快乐的人？"乞丐笑脸洋溢，兴奋地回答："因为我不用挣钱买食物，不用亲手做饭，吃了饭还不用刷碗，想睡哪里就睡哪里。所以，我觉得自己最快乐。"

你也许会纳闷：生活条件越来越好，为什么有人反而幸福感下降；文明程度越来越高，为何有的人脸上的笑容却越来越少。难道拥有幸福就真的那么难吗？怎么才能获得真正的幸福？到底是什么夺走了我们的幸福。

说到底，还是我们的欲望在作怪。欲望蒙蔽了我们的双眼，造成了心理贫穷，让我们感觉不到简单的幸福。

有一个小男孩，住在山脚下的一幢大房子里。他喜欢动物、跑车与音乐，他会爬树、游泳、踢球。他从小有很多梦想，希望有一天能够实现它们。

突然有一天，他对上帝说："我想了很久，终于知道自己今后想要什么样的生活了。"

上帝问："你想要什么？"

他回答："我要在城里有一栋大房子；我要娶一个高挑、美丽的女子为妻，她长着黑黑的长发，性情温和，有一双蓝色的眼睛，她唱起歌来很能打动人；

我要有三个健康的孩子，我们可以一起游泳、踢球，他们长大后，一个当科学家，一个做医生，一个做律师；我要成为一个冒险家，并在途中救助他人；我要有一辆红色的法拉利汽车，而且永远不需要搭送别人。”

上帝笑了笑，说：“你的这些梦想真美妙，希望你长大后都能实现。”

长大后，他出了一次车祸，腿瘸了，从此，再也不能登山、爬树，还有去航海了。后来，他学了商业经营管理，专门经营医疗设备。再后来他娶了一位美丽的女孩，有黑黑的长发，个子却不高、眼睛不蓝，也不会唱歌，但却做得一手好菜，画得一手好画。

后来，他在城里买了房子，不大却够全家人生活。他没有儿子却有三个美丽的女儿，她们都非常爱自己的父亲。有时，他们会一起在公园里嬉戏玩耍。

他没有红色法拉利，而且还要经常去取一些并不是他的货物。在一天早上醒来，他突然想起了许多年前的梦想。于是，他很难过地对周围的人不停诉说、抱怨他的梦想没能实现。他认为这一切都是上帝同他开的玩笑，妻子和朋友们的劝说他一句也听不进去。最后，他因为过度悲伤而住进了医院。

到了晚上，他又跟上帝提起他的梦想：“你还记得在我还是个小男孩时，对你讲述的那些梦想吗?”

上帝回答：“记得，那都是一些美妙的梦想。”

“那你为什么不让我实现呢?”他伤心地问道。

上帝回答：“我只是想让你惊喜一下，给了你一些没有想得到的东西。一个好妻子、一份好工作、一处舒适的住所，这是多么搭配的组合。还有，三个可爱的女儿……”

“是的。”男人打断了上帝的话，接着说：“但是我以为你会把我真正想要得到的东西给我。”

上帝回答："我也以为你会把我想要的东西给我。"男人没想过上帝也会有想要的东西，于是轻声问："你希望得到什么？"

"我希望你能因为我给你的东西而感到快乐。"上帝温柔地答道。

他在黑暗中想了一夜，他想到了一个新的梦想。他的新梦想就是有一份好的工作、住在能看到大海的公寓中、妻子会做菜和画画、有三个可爱的女儿。而这些，就是他现在所拥有的。

在这之后，他过得非常快乐。他明白：快乐从未离开过他，只是以前的自己羞于满足，才没发现手中所拥有的快乐。

正当的欲望都是合理的，但是如果追求过多，那无疑是给生活上了一把锁。一个丧失心灵自由的人谈何快乐？所以，不要让欲望把心装得太满。究竟如何掌握这个度，对于金钱，够用就行，实在没有必要为了金钱而失去了大把快乐的时光。

那么生活中我们该如何克制自己的贪欲呢？

首先，对需求进行分类，把想要的东西分为"必需品"和"身外物"。

其次，学会享受克制欲望的自控感，比如经常去商店观赏一件喜欢而超过支付能力的东西，其实比真正买回来的快乐更持久。

最后，如果贪欲来自对别人的羡慕，就要告诉自己：虽然自己没有他人拥有的东西，但是我拥有的东西他也没有。记住，生命是一叶舟，载不动太多的欲望，要想使船在抵达彼岸时不至于在中途搁浅或沉没，就必须轻载，只取需要的东西，把那些不需要的东西统统都舍弃掉。

5.贪欲是口无底洞

幸福，只是一种感觉，和金钱无关。

在这个纷繁复杂的现代社会，金钱被人们看得越来越重。金钱虽然不是万能的，但没有金钱也是不行的，没有它我们连最基本的日子也无法过下去。因此，越来越多的人不顾一切地去赚钱。他们认为只要赚到了足够的钱便可以幸福快乐地享受人生了。

在市场经济中，金钱是市场的“通货”，其作用可谓神通广大，可以买到市场上出售的一切东西。于是便有人推崇“金钱万能论”，便有人不惜牺牲健康来换取金钱。金钱成了幸福的代名词。

但拥有金钱就真的能拥有快乐吗？下面这个故事会给我们一些启示。

有一个乞丐躺在一个小屋里的长椅上，他的嘴里在不停地念叨：“我迫切地想发财，如果我发财了，一定不做吝啬鬼。”人生的旅途，犹如一江东去的流水。

这时，上帝出现了，乞丐低声哀求：“上帝啊，我现在什么都没有了，你一定要帮帮我啊!”

“既然你这么诚恳，我现在就让你发财。我会给你一个有魔力的钱袋，这钱袋里永远有一块你拿不完的金币。但是你要注意的是，当你觉得已经能满足你时，必须把钱袋扔掉才可以开始花钱。”

说完，上帝消失了。当这个乞丐反应过来的时候，他身边真的出现了一个钱袋，里面装着一块金币。乞丐兴奋地把那块金币拿出来。紧接着，里面又多了一块。于是，乞丐不断地往外拿金币。拿了整整一个晚上，乞丐已经拥有一大堆金币。“这些钱已经够我用一辈子了。”他想。

第二天，他感觉非常饥饿，很想去买些吃的东西。但当他想到在花这些金币以前，必须扔掉那个钱袋时，就又忍不住地开始从钱袋里往外拿钱。每次，当他想把钱袋扔掉时，总觉得钱还不够多，不能满足自己。

日子一天一天过去了，当他从口袋里拿出的钱完全可以去买吃的、买房子、买车时，“还是再拿一点钱吧，不然以后再也没有机会了。”他依然这样对自己说。

就这样，他不停地拿金币。他的身体也因此变得越来越虚弱，头发全白了，脸色蜡黄。“我从钱袋里再拿出一百枚金币就够了。”当他拿出一百枚金币后，又对自己说：“我再从钱袋里拿出一百枚金币，就会把钱袋给扔掉。”

终于，由于长久地没有吃东西，他饿死了过去，再也没有起来。

看了这个故事，可能有人会说：故事中的那个乞丐真的很愚蠢，如果是我的话，我一定会在得到自己想要的一些金币后，果断地把钱袋扔掉，这样就不会被饿死了。道理谁都明白，但是如果换作是你，你真的能放下贪欲吗？就像那个乞丐，随着钱的增多，他的烦恼也增多了，当他从钱袋里取出几枚金币的时候，他想的是买吃的，当他拥有买吃的钱后，他想着买房子，接着是车子……这其实就是人类普遍存在的贪欲。

现实生活中，随着经济的发展，许多人钱赚得越来越多，反而负担越重。因为钱赚得越多，就花费得越多，从而必须去赚更多的钱来支付更多的开销，也必须花更多时间去管理金钱和投资。金钱的诱惑是个巨大的无底洞，永远也填不满，如果陷入其中，便只能活在追逐金钱的强大压力及追而不得的懊悔中，不能自拔。

也有许多人认为幸福快乐的标准就是享受奢侈的生活。因为只要有钱，很多的愿望就可以实现，比如，买自己喜欢的物品，到世界各地旅游。其实，生活中有很多令我们快乐的东西是不能用钱买到的，比如，天真的笑脸，逝去的青春，真挚的情谊。钱只能改善人们生活的环境，提供种种物质享受，很难在一定程度上给人带来精神上的愉悦和快乐。

一位女船王的女儿从出生的那一瞬间就拥有了40亿美元的财富，但这个小女孩平均每天都收到10封恐吓信。为了她的安全着想，女船王不得不把她关在守卫森严的别墅里。

这座别墅在别人看来是一座华丽的城堡，而这个拥有40亿美元的小女孩，在别人眼里算是拥有天大的财富了。可是，她生活得并不幸福。这40亿美元的财富，恰恰给她铸成了一个金丝鸟笼，而这个小女孩就像一只关在笼中的小鸟，失去了天空、失去了自由，同时，也失去了快乐。

快乐不是靠金钱与地位决定的，快乐和财富并不成正比。为了财富去努力、去奋斗没有错，但是不能把所有的人生目标都放在追求物质财富上面。如果生活只剩下金钱两个字，这样的人生相对来说就没有多大的意义。

一个真正快乐的人生，应该对金钱有个理性的认识。无论是在金钱这座围城里，还是围城外，对它都要有一个正确的识别方式。人不能依赖金钱，并从中寻找快乐的寄托。就像作家曹禺笔下的周朴园，虽然巧取豪夺得到了一大笔财产，可是妻子叛逆、孩子调皮，身拥巨大财富的他孤独、寂寞，只能从点点回忆里寻找精神上的慰藉。

6.名利犹如一现昙花

百年之后，一切都归尘土。

追名逐利属于人的本性所在。其实追求本身属于一个快乐的过程，人们可以从中享受进步的喜悦。但是，欲望却是生命中的沉重负荷。当对生活的追求演变为无休止的欲望之后，人就很可能变得利欲熏心，争名夺利，在丧失掉人格之后还会失去生活的快乐和意义。一个人一旦具有了名利思想，心灵上就会受到束缚。如果付出太多，而没有得到任何回报，很可能会生活在失败的阴影当中，甚至会一蹶不振。

其实，人生中美好的追求有许多，功名利禄只是很小的一个部分。如果因为这极小的一部分，而将整个生命作为代价，实在得不偿失。虚名浮利终归是身外之物，生不带来死不带去，还是看开些的好。《好了歌》里说得好："世人都晓神仙好，唯独功名忘不了；古今将相在何方，荒冢一堆草没了。"功名利禄，最终都成过往云烟，烈火烹油，不过是昙花一现。出将入相，到头来不过是一枕黄粱、南柯一梦，倒不如在这大好时光里去享受人生中的安逸和悠闲。

严子陵是汉代颇有名气的人物，在外投师求学时，与南阳人刘秀结为莫逆之交。后来，刘秀在洛阳建立了东汉政权，登上了皇帝的宝座，成为了汉光武帝。这时，严子陵却改名换姓，隐身远避。光武帝思贤若渴，想让严子陵进京做官辅佐自己，命人到处查访他的下落。后来齐国官员报告说，有一男子身披羊裘，经常垂钓于江河畔。光武帝肯定他就是子陵，忙命人准备车辆，派专使携带礼物去聘召他，三次遭到他拒绝。最后，只好前挽后推地拥他强行上车，接到洛阳。光武帝连忙关照安置在北军住宿。严子陵睡的是锦绣被褥，吃的是山珍海味，受到精心服侍，优厚款待。

丞相侯霸，与严子陵是老朋友了，派人带着亲笔信来问候。使者对他说："大人听说先生来京，本想马上来问候，但因公务繁忙，等过一段时间再来接受先生的教诲。"严子陵却不回答。使者要求他写封回信，以便向主人交差。严子陵推说手疼不方便写字，而是口授回复："老朋友侯霸，现在已经做到了三公的位子，实在是可喜可贺。希望你能够用仁义的思想辅助天子，千万不要一心只会阿谀奉承、溜须拍马。"侯霸觉得脸上无光，将情况报告给光武帝，光武帝听了笑着说："这是狂奴的老脾气，用不着计较。"说着，马上命人驾车出宫，亲自去拜访严子陵。严子陵仍睡在床上，对光武帝的到来假装没看见。光武帝走到床前，用手抚摸着严子陵的肚腹说："子陵啊子陵，你不肯出来辅助我有什么缘故?"严子陵依然假装闭目入睡，好久才睁眼看了下说："从前唐尧有天下，巢父还要去河边洗耳。并不是因为对唐尧有意见，实在是人各有志，为什么一定要强逼呢！"光武帝很遗憾地说："子陵啊，看来我真不能说服你了！"一边叹息，一边登车回宫。

不久，光武帝邀请严子陵进宫，畅叙昔日旧事，谈论治国平天下的道理。光武帝从容地问："子陵，我比过去怎么样?"严子陵说："你比过去胖多了！"当晚，两个人和求学时一样同床抵足而眠。严子陵竟将脚搁在光武帝的肚子上。第二天，太史官报告，说是"客星侵犯帝座甚急"。光武帝听了大笑说："这是我和旧友同睡呵！"光武帝任命严子陵为谏议大夫，而严子陵却坚持不接受，远离帝京，来到风景秀丽的富春江畔，过着边读、边耕、边垂钓的隐居生活。汉建武十七年（公元42年），光武帝再次下旨征召，严子陵仍然不愿做官。直至80岁，终老在家乡。他视功名利禄为粪土的故事，流传了2000多年。

虚名浮利是给外人看的，风光无限只是表面的现象。过分地热衷，反倒和人的本性脱离了。抛开这些追逐，我们会发现，天空更蓝，河水更绿，心情也将变得更舒畅。舍弃名利，是卓越的超脱和非凡的潇洒。一心追求名利，会陷入常戚戚的无边苦海，舍弃名利，拥有的是坦荡荡的心胸。

7.富贵不过是浮云

富贵如烟般，来去都无定数，平淡的幸福才是永恒。

人生的旅途，犹如一江东去的流水，每时每刻都在前进，或快或慢、或急或缓，状态不尽相同，结局却是一样，最终将不可避免地流入大海。名利财富，如同水中漂浮着的树叶，在入海的那一瞬间离我们而去。这是一个无法拒绝的现象和规律。人生如梦，梦醒时刻往往会觉得梦里的追求和奋斗过于荒唐，里面的殚精竭虑又显得过于可笑。人生的遗憾，往往是得到大彻大悟之后又悔之晚矣。既如此，还是早日看淡世俗，以旁观者的身份来看待富贵如梦吧。把在患得患失中逝去的时间，用在“看花开花落，望云卷云舒”中，让生活多一份从容与恬静。

面对沧海桑田和荣辱变迁，我们的祖先留下了许多富有智慧的话语。老子说过：“金玉满堂，莫能守之。”孔子有言：“君子之泽，五世而斩。”民间谚语里的“富不过三代”也广为流传。先人们的谆谆教导，正是我们应该学习的人生态度。“伤心秦汉经行处，宫阙万间都做了土”，一切的世事无常，都由它去吧。“人生不满百，常怀千岁忧”不是我们该有的生活态度。新人笑旧人哭，如同皓月的阴晴圆缺变化，无法避免。索性看淡，一切，不过是南柯一梦。

隋末唐初的时候，广陵有一个叫淳于棼的人。极有才华，可惜命运不济，每次科考，结果都是名落孙山。久经打击的淳于棼郁郁寡欢，失去了斗志。在家借酒浇愁，醉生梦死。他家的院中有一棵根深叶茂的大槐树，盛夏之夜，月明星稀，树影婆娑，晚风习习，是一个乘凉的好地方。

淳于棼过生日的那天，亲友们都来祝寿，他一时高兴，就多喝了几杯。夜晚，将亲友们送走之后，淳于棼酒意未消，昏昏沉沉地带着几分酒意坐在槐树下歇凉，醉眼惺忪，不觉沉沉睡去。

蒙胧中，来了两个衣着华丽的使者，说是奉国王之命邀请淳于棼去槐安国。淳于棼起身登上使车与他们一块进了一个树洞。洞内别有另一番世界。淳于棼到来的时候正赶上京城举行选拔官员考试，他便报了名。三场笔试下来，文章写得十分顺手。等到公布考试结果时，他名列第一名。接下来就是由皇帝主考进行殿试。皇帝见淳于棼风流倜傥仪表堂堂，又很有才气，非常喜爱，就亲笔点为头名状元，并把公主嫁给他为妻。状元郎成了驸马爷的故事不胫而走，一时京城传为美谈。

淳于棼和公主结婚后，相敬如宾，举案齐眉，感情十分美满，淳于棼陶醉在幸福的生活之中。淳于棼被皇帝派往南河郡任太守，一待就是20年。淳于棼在太守任内经常巡行各县，劝克农桑，重视生产，抑强扶弱。属下各县的县令官绅不敢胡作非为，老百姓对他赞不绝口、爱戴有加。皇帝几次想把淳于棼调回京城升迁，当地百姓听说淳于棼太守离任，纷纷拦住马头，送万民伞，进行挽留。淳于棼为百姓的爱戴所感动，只好留下来，并上报向皇帝说明情况。皇帝欣赏淳于棼的政绩，赏给他不少金银珠宝，以示奖励。

有一年，敌兵入侵，大槐安国的将军率军迎敌，几次都被敌兵打得溃不成军。败报传到京城，皇帝震动，急忙召集文武群臣商议对策。大臣们听说前线军事屡屡失利，敌兵逼近京城，凶猛异常，一个个吓得面如土色，你看我，我看你，都束手无策。

皇帝看了大臣的样子，气愤不已，厉声喝道："你们平日养尊处优，享尽荣华，朝中一旦有事，你们都成了没嘴的葫芦，胆小怯阵，一句话都不说，要你们何用?"

为了推卸责任，宰相立刻向皇帝推荐淳于棼。皇帝立即下令，让淳于棼统率全国精锐与敌军决战。并在郊外亲自为淳于棼举酒送行。祝驸马爷能够打退敌兵，救国安邦。

淳于棼上任后，不敢耽搁，立即统兵出征。可怜他对兵法一无所知，与敌兵刚一接触，立刻一败涂地，手下兵马被杀得丢盔弃甲，东逃西散，淳于棼差点儿被俘。皇帝再次震惊，决定将淳于棼革职查办，赶出朝廷遣送回家。想到20余年的付出毁于一旦，淳于棼心中不快气得大叫一声，惊醒过来，却发现自己躺在树下，但见月上枝头，繁星闪烁。才知道刚才只不过是做了一个美丽的梦而已。短短一夜之间，在梦里好像度过了一辈子。

第二天，淳于棼把梦境告诉众人，大家感到十分惊奇，一齐寻到大槐树下，果然掘出个很大的蚂蚁洞，旁有孔道通向南枝，另有小蚁穴一个。梦中"南柯郡"、"槐安国"，其实原来如此！从梦中惊醒，此时他才知道，所谓南柯郡，不过是槐树最南边的一枝树干而已。从此之后，对科举富贵更加看淡了。

人事的更迭，商场的烟云，股市的变化，很可能会让人一夜之间一无所有。有时候，一张小小的彩票也可能让一文不名的人在一夜之间身价倍增。天下之大，世事无常，一切都是很自然的，我们没有必要去分心太多。还是用平和的心态来面对这一切吧，只有这样，才能获得心灵的自由。

第五辑

不忧虑：内心清凉，心花自开

在浮躁的世界中，生活难免受到抑郁、烦躁、忧虑的侵袭。假如生活欺骗了你，不要忧虑，不要叹息，努力拭去心灵的尘土，不闪不避，不贪不痴，不怨不怒，内心就能充满平静喜乐和安然。

1.越放下，越自在

放下顾虑，才能活得潇洒自在。

西方人说："1000 个人眼里有 1000 个哈姆雷特。"不同人对文学作品有着不同的认识，源于人们不同的心里认识。其实，在我们的生活中又何尝不是如此呢，面对同样的环境和景色，不同心态的人存在着喜怒哀乐的认知差异。百花盛开的春天，会有人为了"花无百日红"而长吁短叹，夏日的凉风习习，有人总在为蚊虫肆虐而苦恼不堪，秋日里天高气爽，却有人为万物凋零而黯然神伤，银装素裹的冬季，也会有人为了三九冰寒而叫苦不迭。这些所有的心情低落和外在的环境没有必然的联系，起决定性作用的，是一个人的心中的恐惧和忧虑。正是因为恐惧和忧虑，色彩斑斓的世界在他的眼里才会变得黯然无光。

有句诗中这样写道：“春有白花秋有月，夏有凉风冬有雪，若无闲事挂心头，便是人间好时节。”放下忧心的担子，世界就会变得云淡风清、精致迷人。而对生活失去信心、缺乏热情、充满焦虑的人，则是无福享受这良辰美景的。心存担忧的人，属于自卑主义者，也是完美主义者，由于他们看到了世界的不完美才会感到不满和忧心。然而，博大精深、包罗万象的世界却独不能接受完美的存在，我们口中常说的完美并不是指具体某一个事物，而是完美的心灵和认识。我们追求的是缺失中的完美，追求概念上的至善至美，是不可及的。因此，面对残缺的世界，我们没有任何的理由去忧虑和伤怀。生活中的磨难和挫折以及无法预测的前途，不过是生活的组成元素罢了，没有必要过多地去看重它们。凡事多向好处想，多向光亮处看，心胸自然就会变得宽广，生活也就会感到满足和快乐。我们需要放下，放下的东西未必是人生的追求，而是在追求中负面的心理作用。

大慧禅师有一个弟子，叫道谦和尚。道谦和尚做事十分认真刻苦，但是在他苦苦参禅20年之后还是没有参悟透佛家所讲的道理，因此，他的心里很是着急。

有一次，奉禅师之命，道谦和尚下山办事，大概需要一年时间。道谦和尚感到很不乐意，他想：在这一年多的时间里做些世俗的小事，而我的经书还有很多没有参悟透的，这岂不是白白浪费了我的时间吗？他的心里苦恼不堪，打点行装的时候也是闷闷不乐。

他向宗元和尚倾诉内心的苦恼，宗元和尚安慰他说：“这样吧，由我来陪同你一起去，或许在路上对你的悟道还能有一些帮助。”道谦听到之后感到万分的高兴，两个人一起走下山去。

一路上，宗元和尚似乎把原先的承诺抛在了脑后，和道谦和尚说说笑笑，直口不提参禅悟道的事。失望之余的道谦和尚便在一边提醒宗元，让他来兑现承诺，帮助自己。宗元听后，对他说："并不是我背叛承诺，而是悟道中的五件事我一件也帮不上忙啊。"

道谦诧异地问："哪五件事呀？"

宗元回答说："吃、喝、拉、撒、睡。"

道谦听完之后，恍然大悟。原来，佛法并不是想象中的高深莫测，不是靠整天的思考和担忧才能顿悟，而是放下心中的杂念。当他明白这个道理之后，就告辞了宗元和尚，独自踏上了行程。一年之后，大慧禅师看到前来复命的道谦和尚，满意地说："你终于参悟到佛法的真谛了。"

担忧的人有着一个共同的特征，就是把本来十分简单的事情想得太复杂。在自我加压中，他的心里就会处于一种不平衡的状态，心理上受到重大的影响之后，会造成神经过敏等症候，有时候还会严重伤害到自己的健康。其实，任何的担忧心理都是一种画地为牢的可悲与可笑，把自己囚禁于一个圈子之中，苦不堪言、坐立不安，无法跳出自我设置的陷阱。当你在顿悟中驱散心中的阴霾时，就会觉得自己的担心纯粹属于杞人忧天，生活原本就是极其轻松和快乐的。

2.错误由心，烦恼无尽

虚幻是一切错误和烦恼的根源。

在我们的人生中，我们经历过许多错误，随之而来的就是无尽的后悔和烦恼。比如，我们后悔因为没有努力学习而没能继续升学深造；我们因为错过了一段感情而至今后悔没能与初恋情人结婚；我们因为太急于找工作而后悔当初选错了行；我们后悔那时因为一个错误的决定而跟朋友大吵了一架……

种种错误和烦恼折磨着我们，牵绊着我们的过去，让我们无法忘怀，更无法前进。因为这种纠缠，因为我们忘不了，也同时让我们错失了更多美好的东西。比如虽然我们没能继续深造，但目前的成就还不错；虽然我们没有跟初恋情人修成正果，但这恰恰意味着你还有更多选择；虽然我们过早入了行，但社会这所大学教给我们更多的知识；虽然我们曾跟朋友吵了架，但你还有机会说声“抱歉”……

谁都有做错的时候，千万不要一味沉浸在后悔之中，长时间的后悔只能让我们心浮气躁，这不仅于事无补，还会给身心带来严重的伤害。我们应当善待自己，善待生命，学会忘记，让过去的错误和烦恼到此为止。

杰克本是一位老师，然而在刚刚进入而立之年时，他最大的梦想是成为一个小说家，他甚至梦想成为杰克·伦敦或丹·布朗那样的超级大作家。为了实现这个梦想，他也确实干劲十足，为此付出了一定的努力。

后来，杰克向学校递交了辞呈，终于开始了自己的写作生涯，他移居到了欧洲并在那里住了两年。在那里他创作了一本小说，但糟糕的是这本小说就像他的名字《冷风》一样，收到了出版社的冷遇。他甚至聘请了一位经纪人，但经纪人告诉他，这本小说简直一文不值，而且他也不具备任何写作天赋和才能。听完经纪人的话，杰克的脉搏几乎停止了跳动，因为他竟然在错误的道路上花费了几年的时间。

这个打击对杰克来说着实不小。在错误的领域里，他开始迷茫，不知道该作出一个怎样的决定，也不知道哪个方向才是最适合他的。几周之后，杰克才从茫然中走出来，他决定就此止步。

他把这次花费几年心思而写成的小说当成宝贵的经历，然后继续生命的航程。他又做回了老本行，在空闲的时间里偶尔写写传记和其他非小说类的书。从那以后，杰克再也没有为无法成为一个作家而后悔。

杰克曾因为自己错误的选择而后悔迷茫过，但他最终选择了就此止步，他忘记了那段不堪的回忆，也正因为如此，杰克才重新找回了快乐和信心。

有时候我们会发现，一件事情做了后悔，不做同样会后悔，这其实是人性的愚痴和贪念。许多事情必须有所选择，选择了 A 就不可能得 B，如果选错了不必后悔，也不应挂怀，只需要到底止步，忘记后再重新开始即可。

西晋大贤士周处，年轻时很不争气，大家见了他都像躲瘟疫一样跑开。他很奇怪，便问一个老人，老人也不客气，说道："三害来了，你说大家能不躲着点吗?"

头一回听说"三害"，周处便问哪三害。老人便告诉他："南山上的白额虎，长桥下的蛟龙，加上你，不是三害吗?"

做人落得如此田地，这不是一种人生失败是什么呢？周处听了老人的话，大吃一惊，原来自己在乡亲眼中是一大害。周处也真是一条好汉，沉吟一会儿，便说："这样吧，既然乡亲们都苦于三害，那我把它们除掉。"

周处先是带着弓箭上山，射死了白额虎，除了一害。紧接着又下河，杀死了蛟龙，除了二害。除二害以后的第四天他才回家。这一次他又遭到了很大的打击，因为他得知乡亲们以为他被蛟龙咬伤已经死了，都在高兴呢，他万万没想到大家竟这样恨他。

周处很伤心，但没有气馁，他要从头做起，这个世界，所谓成功不就是人图名声，树图阴凉吗？他下定决心，找名师学习。他找到了当时的大学问家陆云。对他说："我很后悔自己觉悟得太晚了，浪费了好时光，现在再想闯一番成功的事业，只怕来不及！"

陆云激励他道："君子'朝闻道，夕死可矣'，况且年纪轻轻，前程远大，何事不成？人唯患无志，何患不能名满天下？"

周处实在气度不凡，没有在大家的痛恨中抬不起头来。既然过去领头作恶，以后当然也可带头行善，重要的是不要被过去的阴霾笼罩而无法拔出来。所以，他的觉悟不晚。

于是，周处发愤改过，一心向善，后来升任吴国东观右丞。晋平吴后，迁御史中丞，直至率兵西征，以身殉国。

现实生活中，像周处这样改过自新，终成正果的例子很多。错了不能深陷悔恨不思改变，后悔不能改变现实，只会消弭未来的美好。有的人经常后悔，而且经常经历相似的后悔，因为他们的过失往往不是新的过失，而是屡次重复旧的过失。这正是因为他们在犯了错之后，不是适时止步、重新开始，而只是纠结于过去的错误中走不出来，结果害了自己。

曾经犯过错误并不代表你从此便低人一等，永无抬头之日。只要自己不绝望，只要敢于卸下背上那个沉重的思想包袱，一切都为时不晚。只要能记住过去的惨痛教训，能勇敢乐观地告别过去，创造未来，那么，你仍会成为一个有价值的、受人尊敬的人。

记住应当记住的，忘记应该忘记的，懂得原谅自己，善待自己的过失，不要让过失成为绊脚石，而应当让它成为垫脚石。

3.活出我人生

为自己活着。

很多时候，人们会因为顾忌别人的看法而改变自己的初衷，总是不断地告诫自己不必在意别人的脸色，不必理会别人怎么说，可当你真正去面对别人时，却无法跳出这个怪圈。

人生的束缚实在太多了，何必自己给自己找罪受！人活着非常辛苦，我们要想开一些，不要活给别人看，而要为自己而活着！如果我们每做一件事总是瞻前顾后、畏首畏尾，岂不是很没有自我，岂不是更加操劳。

其实，任何一个人都无法做到让每个人满意，尽管他已是竭尽全力了。因此，一个人无须因为别人的讨厌而失望，并且要时刻提醒自己：想开一些，不必委屈，无论你怎样卓尔不群，仍会有人不喜欢你。

《伟大的安伯森斯》和《爱丽丝·亚当斯》的作者布恩·塔金顿曾是20世纪美国著名的小说家和剧作家。

在一次艺术家作品展览会上，有两个小姑娘十分敬仰地请他签名。

“我没有带钢笔，用铅笔可以吗?”布恩·塔金顿其实知道她们是不会拒绝自己的，他仅仅是想表现一下，身为一个著名作家谦和地对待普通读者的大家风范。

“当然可以。”女孩们爽快地答应了！一个女孩很快地将精致的笔记本递给布恩·塔金顿。他取出铅笔，潇洒自如地写上了几句鼓励的话语并签上了自己的名字。

不料，当女孩看过他的签名之后，却眉头紧锁，她仔细地观看布恩·塔金顿，问道：“你不是罗伯特·查波斯?”

“不是，我是布恩·塔金顿，《伟大的安伯森斯》和《爱丽丝·亚当斯》的作者，两次获得普利策奖。”

令人意想不到的是，这个女孩扭过脸来对另外一个女孩说：“玛丽，请把你的橡皮借我用用。”

刹那间，布恩·塔金顿感到无地自容，所有的骄傲和自负化为乌有。

晚上回到家里，布恩·塔金顿仍然为白天的不快感到难过。这时，他的儿子来到他的面前，给了他一个橘子。布恩·塔金顿的儿子非常喜欢吃橘子，可布恩·塔金顿本人却很不喜欢吃橘子。于是，儿子就劝爸爸说橘子富含维生素，多吃对身体有好处。心情烦躁的布恩·塔金顿怒吼道：“再好的橘子我也不喜欢吃，因为我压根就不喜欢橘子的味道。”

话音刚落，他突然意识到了什么，立刻高兴了起来。原来，他顿悟了一个道理：哪怕再好的橘子，也照样有人不喜欢。人何尝不是如此呢?

我们无法做到人人满意，即使是自我感觉很优秀的时候，也要时刻提醒自己：无论你多么优秀，仍然会有人无视你的存在，不要太介意。

一位老人的笔记本上，记着很深刻的一句话：“不必在意别人是否喜欢你、是否公平地对待你，更不要奢望每个人都会如此待你。”

生活中经常可以见到一些人放弃了自己的意愿，活在别人的标准里，在别人的评价里找寻自我存在的价值。这其实是非常悲哀的事！

让所有人都说你好话很难也很累，只要自己按照自己的原则，根据自己的价值观和人生观去做事儿，那样才会活出自己精彩的人生。

如果过分地在乎别人的看法只能扰乱自己的分寸，会分散了自己本该用于思考的精力，人生也就会因此而迷失了方向，活得非常沉重。

不要把自己的时间和精力用在自寻烦恼和寻找人际关系的障碍上，能给我们包袱的只有我们自己。别人的留意只是一时的，很多年以后，再去问别人是否记得你当年是多么的出丑，很多人肯定已经不记得了，甚至有人已经忘记你的姓名和模样。

生活中，我们大可不必在意别人的窃窃私语、冷漠表情，不必费心去揣摩别人怎样待你、怎样评价你；不必在意微小的得失、过错或失败，那仅仅是成长路上的一个小插曲。想开些、豁达一点，超然一点，平静喜悦地走过每一个日子，然后再回过头想想所经过的是非得失、喜怒哀乐、苦辣酸甜，你会发觉眼前突然变得明亮开朗。把时光留给自己，做自己喜欢做的事，读自己喜欢读的书，倾听悦耳的音乐，到公园散散步……生命中值得留意的东西有很多，实在不值得你去刻意地关注别人的态度。只有我行我素，高标自立，不为别人的眼光违背自己的心意，尊重自己的生活方式，做自己真正想做的事，做想做的人，才会达到快乐自在的生活状态！

有的时候，对于自己的信念，只要是对的，就一定要坚持，千万不可人云亦云。生命中最重要的是自己怎么看，而不是别人的想法，根本不必为一些小事烦心。微风吹过，烟消雾散，天地间原本是如此澄明，为何委屈自己，为何让自己背着沉重的包袱呢？

想开一些，放下包袱，过滤掉烦心琐事。不必在意别人的眼光，不要委屈自己，让心灵自在飞翔，生活也就自然轻松、愉悦了。

4.做不抱怨的成功者

远离抱怨的世界，才能发现全新的自己。

在生活中，我们的身边充满了各种各样的抱怨：工作不好，抱怨；上司不好，抱怨；下属不好，抱怨；经济不景气，抱怨；生活环境不好，抱怨……可以说，只要有人的地方就有抱怨，这个世界的方方面面，无不处在人们抱怨的唇枪舌剑之下。然而事实却是，抱怨根本解决不了任何问题。不信试问，天下虽大，谁又能靠抱怨成为成功人士?

抱怨会破坏我们原本积极的潜意识。曾经抱怨过的朋友都知道，只要我们的头脑中一有抱怨的意识，我们立即就会停下或者放慢手中的工作，为自己鸣不平、拉选票，甚至不顾一切得找到对方讨个公道。如果得不到他们想要的结果，不是大骂世事不公，就是哀叹老天无眼。久而久之，不仅直接影响工作和生活，还会影响心情和心态。而真正的勇者，他们从不抱怨，他们总是能冷静地看待世界，审视自己，最终成就自己。

今年刚满30岁的苏珊是美国一家化妆品公司的创办人。小时候，她和奶奶一起生活在乡下。奶奶开了一个小杂货店，为人慈祥又和气，邻居们都喜欢和她聊天。每当那些喜欢抱怨、爱发牢骚的邻居到商店买东西时，奶奶总是会把苏珊拉到身边，让她看自己和邻居说话。

有一次，邻居爱普生前来买香烟。奶奶问他："今天怎么样啊，爱普生老兄?"

爱普生长叹一声说道："唉，今天不怎么样啊，哈德森大姐。你看看，这天气这么热，气死人了。这种鬼天气，真要命啊！"

奶奶一边给他拿香烟，一边附和着说："是啊，是啊！嗯，嗯……"一直抱怨了十多分钟，爱普生才离开了小店。

又有一次，邻居汤姆一进店门就向奶奶抱怨道："哈德森大姐，真是气死我了！我再也不想干犁地这活儿了！尘土飞扬不说，驴子还不听使唤。我真是干够了！你看看我的腿、脚，还有手、眼睛、鼻子，到处都是尘土，我真是干够了！"

奶奶仍然是那副老样子，一边给他拿东西，一边附和着说："是啊，是啊！嗯，嗯……"

等汤姆发完了牢骚离开小店，奶奶把苏珊拉到身前，问她："孩子，你听到这些喜欢抱怨的人说的话了吗？"苏珊点点头。奶奶接着说："孩子，在每个夜晚都会有一些人，不管是白人还是黑人，不管是富人还是穷人，酣然入睡但是再也不会醒来。那些与世长辞的人，睡觉时不会感到暖和的被窝已变成冰冷的灵柩，身上的羊毛毯已变成裹尸布，他们再也不能为天气热或驴子不听话而唠叨一分钟。孩子，你要记住：不要抱怨，因为抱怨不能解决任何问题。如果你对现状不满意，那你就设法去改变它。如果改变不了，那就改变你的心态去面对这些问题，但你一定不要去抱怨什么。"

长大后，苏珊牢记着奶奶的话，无论遭遇多大的挫折，她也从未抱怨过什么，最终靠自己的勤奋和智慧打拼出了一片天地，成了业界有名的女强人。

其实，我们与文中的爱普生和汤姆何其相似，相信大多数人都能在他们身上找到自己的影子。一件小事、一句无关紧要的话，甚至于天气不好，都能让我们陷入长时间的烦恼，沉浸于懊恼和悲伤中不能自拔。然而天气绝对不会因为你抱怨而转凉，驴子也不会因为你发牢骚而变得听话些。尤其是当你面对的是一个不会体谅别人、不会自省的人，情况会更加糟糕。但你一定要清楚，烦恼、抱怨、愤怒都没有用。即使你抱怨连天，它也不会为你失眠。唯一的办法就是学会改变。

生活只相信强者的微笑，不相信弱者的眼泪。抱怨只能显示出一个人的无能，所以，你要学会坚强、学会克制、学会调整心态，做不抱怨的成功者。

1621年，谈迁28岁，他的母亲病故，他守丧在家，读了不少明代的史书。他发现史书中的错误非常多，因此想编写一部真实可信的明代史书。

自从谈迁有了这样的想法之后，他常年背着行囊，不断地寻找与明史相关的书籍。谈迁在24年间六易其稿，终于在1645年撰写成了500万字之巨的《国榷》。岂料两年后，也就是1647年，《国榷》的初稿全部被盗，这使谈迁遭受了巨大的打击，甚至一夜之间愁白了头。

谈迁痛哭了一夜，当太阳重新升起时，他理了理自己的思绪，化悲痛为力量，决定重写。又经过四年努力，终于完成了新稿。1653年已经60岁的谈迁，携第二稿来到京城，在京城住了两年半，走访了许多明遗臣、故旧，搜集明朝相关的遗闻、遗文及有关史实，并实地考察历史遗迹，加以补充、修订，终于完成旷世巨著：《国榷》。

谈迁第一次完成《国榷》用了20余年，其中艰辛可想而知。当书稿被盗后，他虽痛苦，但没有被击垮，没有陷入抱怨的深渊，而是继续奋斗，最终获得了成功。

抱怨是人类精神领域最具杀伤力的病毒，成功的人很少抱怨，抱怨的人很少成功。那些生活的强者、成功的人士，不管遇到了多大的挫折，也能及时调整心态，先适应现状，再改变现状。

葡萄牙作家费尔南多·佩索阿说：“真正的景观是我们自己创造的，因为我们是它们的上帝。我对世界七大洲的任何地方既没有兴趣，也没有真正去看过。我游历我自己的第八大洲。”在生活中，我们才是自己的主宰，我们在创造自己的完美世界。

想开些，远离抱怨的世界，我们才能在自己生活的原点改变自我，发现一个全新的自己，从而改变自己的命运，收获幸福快乐的生活。

5.别人的话，不要过于在意

不要活在他人的评价里。

从前，有一位画家想画出一幅人见人爱的画。画完后，他拿到市场上去展出。画旁放了一支笔，并附上说明：每一位观赏者，如果认为此画有欠佳之笔，均可在画中做记号。

晚上，画家取回了画，发现整个画面都涂满了记号：没有一笔一画不被指责。画家十分不快，对这次尝试深感失望。

画家决定换一种方法去试试。他又临摹了同样的画拿到市场展出。可这一次，他要求每位观赏者将其最为欣赏的妙笔都标上记号。当画家再取回画时。他发现画面又涂遍了记号：一切曾被指责的笔画，如今却都换上了赞美的标记。

“哦！”画家感慨地说道，“我现在发现一个奥妙，那就是：我们不管干什么，只要使一部分人满意就够了。因为，在有些人看来是丑恶的东西，在另一些人眼里恰恰是美好的。”

所谓众口难调，如果我们一味听信于别人，便会丧失了自我，便会做任何事都患得患失，这种人一辈子也成不了大事。他们整天活在别人的阴影里，太在乎周围人对自己的态度。这样的人生，还有什么意义可言呢?

弟子奉师父之命去集市买东西，回来后弟子一脸的不高兴，师父询问弟子何故。

“我在集市里走的时候，那些人嘲笑我。”弟子撅着嘴巴说。

“他们为什么要嘲笑你呢?”师父问。

“人家笑我个子太矮，他们不知道，虽然我长得不高，但我的心胸很开阔。”弟子气呼呼地说。

师父听完弟子的话什么也没有说，而是拿着一个脸盆与弟子来到附近的海滩。

师父先把脸盆盛满水，然后往脸盆里丢了一颗小石头，这时，脸盆里的水溅了出来。接着，他又把一块大一些的石头扔到前方的海里，大海没有任何反应。

看着迷惑的弟子，师父说：“你不是说你的心胸开阔吗？可是，为什么别人只是说你两句，你就生这么大的气，就像被丢了颗小石头的水盆，水花到处飞溅?”弟子低头不语。

别人的话仅是别人的见解，每个人的观点和立场都是不同的，如果因为别人的言语而生气，不但是心胸不够开阔，而且是修养和内涵没有达到境界的表现。

人生无论面对什么大喜大悲都能坦然处之，就是一种境界。世间的大多数人为了功名利禄而伤神，往往他们忧愁的不是自己，而是别人，因为忌妒别人的拥有，所以满怀情绪，也因为无法释怀失去的而惴惴不安。

有一个财主，吃斋念佛多年，50岁时得到一个儿子，被视为掌上明珠。

儿子渐渐长大了，可是他只会笑，不会哭。财主想尽各种办法，骂他、打他都无济于事。正无可奈何之际，适逢一云游高僧前来化缘，财主就请求高僧

为儿子诊治。

仆人把孩子抱来。孩子不认生，冲高僧嘻嘻直笑。财主上前狠狠地打了孩子屁股一下，孩子皱皱眉头，随即平静，一声不哭。

财主冲高僧一摊手，说："高僧，您看这孩子是不是智力有问题?"

高僧不说话，只是顺手从果盘里拿出一根香蕉和一串葡萄，在小孩儿面前一晃。

小孩儿想了想，伸手接过了葡萄，并微微一笑。

财主在一边解释："他从小就不吃香蕉。"

高僧点点头："知道取和舍，说明智力是没有问题的。"

财主伸手拿走了盘子中的香蕉，孩子愣了一下，没有哭也没有笑。

看到孩子这样，高僧沉思片刻，端起桌上的果盘，说："跟我来!"

一行人走出财主家的大门，恰逢3个小孩儿在门前玩耍。高僧看了看小孩儿，又看了看果盘，果盘里恰巧还有3根香蕉一串葡萄。于是高僧分给每人一根香蕉。3个小孩儿接过来，兴高采烈地剥开就吃。

这时，财主的儿子忽然伸手指着香蕉，大声叫起来。财主赶紧拿过葡萄哄儿子："那是你最不爱吃的香蕉，这是你最喜欢吃的葡萄。"

财主的儿子夺过葡萄，扔到地上，仍是伸手要香蕉。3个孩子很快吃完，抬头对财主儿子笑。

这时，财主的儿子忽然号啕大哭，把财主和仆人都吓了一跳。

财主欣喜之余也迷惑不解："他平时一口香蕉也不吃，今天怎么会为香蕉哭了呢?"

高僧微微一笑，说："世间大多数人的悲伤，不是因为自己失去了，而是因为别人得到了。"

世间百态，人生百味。能够真正想得开的，做到淡然处之的人并不多，人们应该怀有一颗坦然的心，不因外物的丰富、富有而狂喜，不因个人的失意潦倒而悲伤。无论面对失败还是成功，都要保持一种轻松的心态，不因一时的成功和失败而妄自菲薄，无论何时都保持一种豁达淡然的心态，不因外界的好事而兴高采烈，也不因自己的不幸遭遇而垂头丧气。

每个人都有自己做人的原则，都有自己为人处世之道，都有自己的生活方式。生活中不必太在意别人的看法，不能为别人的一席话而改变自己。其实，过分地在意别人的想法，是一种不自信的表现，是一种对生活危难的逃避行为。人各有各的脾气和性格，有的人沉稳，有的人活跃，有的人喜欢独处，有的人热爱交际，无论什么样的人生，只要自己感到幸福，又不妨碍他人，那就足矣。坚持自己的原则，不受外界的影响，这才是人生修养的必备课。

不要压抑自己的天性，失去自己做人的原则。只要活出自信，活出自己的风格，就让别人去尽情地议论好了。正像但丁说的那样："走自己的路，让人们去说吧！"

6.用微笑化解一切恩怨

改变自己，去适应他人。

很多时候，一件事或一个人就能令我们长时间地烦恼、懊恼或者悲伤。但这一切都不能改变什么，纵然能解一时怒气，却不能让我们成为最后的赢家，当一个人不再苛刻地要求别人去适应自己，而是通过他人的镜子剖析自己、调整自己，通过改变自己去适应别人的时候，那么它才真正地走向了理智与成熟。才能拥有改变一切的机会与力量。

吉姆是一个电视台的记者，因为他非常有才华，在他工作没过多久之后，就受到了领导的器重，让他白天采访财经路线，晚上播报七点半的黄金档新闻。吉姆的生活被安排得满满当当，前途充满了光明。

然而，因一次偶然事件，吉姆得罪了他的上级主管。于是，吉姆被调换到了深夜十一点的播报新闻。吉姆知道上司的意图，但是他没有进行任何的反驳，微笑着接受了安排。

之后，吉姆每天下班后都会利用时间去进修，然后在十一点播报新闻之前赶回电视台。他并没有因为是夜间播报的新闻而感到松懈，而是认真地对待每一篇新闻稿。渐渐地，夜间新闻得到了越来越多人的好评，收视率也节节攀升。电视台也收到了越来越多的观众来信，他们都在询问：为什么吉姆这么出色的人只能在夜间新闻中出现，却不让他去播报黄金时段呢？负责处理观众来信的工作人员将这个问题报告给了台长。台长查明情况后，亲自找到了主管，责令他立刻将吉姆调回黄金档。

既然是台长的命令，主管必须遵从，然而他依旧不甘心。很快，他又下令让学经济出身的吉姆放弃财经报道，去播报其他的路线。这让吉姆感到十分受不了，毕竟自己已经在财经路线的圈子里小有名气，主管这样做，简直就是明摆着对自己的侮辱。

但最终吉姆还是强迫自己冷静了下来，毫无怨言地接受了再一次的调换。继续兢兢业业地去研究自己的新业务。

有一天，台长打电话给主管说第二天有财经首长要来公司参加宴会，为了活跃气氛，打算让在经济路线上颇有研究的吉姆去作陪。当听到主管说吉姆已经改跑其他路线时，感到相当吃惊：“他已经对于财经路线那么熟悉了，干吗要换去别的路线？明天的宴会他必须参加，不跑了也得来参加，饭后，他还得对财经首长做个专访呢！”

结果，那天的宴会和专访都十分成功。有了这一次的宴会访问，此后，每有财经界的重要人物来电视台，台长都要求吉姆作陪。之后，吉姆与台长当面讨论节目的机会多了，他也渐渐成了台里的热门人物。最后，当原来的新闻部的主管被调走后，吉姆理所当然地坐上了那个位子。

事情往往如此，我们费心地去改变身外之物，通常是造成痛苦的最大原因。当我们遇到与自己道不同的人或事时，干吗非得跟他过不去呢？那样只会得不偿失，把自己困在痛苦的樊笼里。想开一些，与其改变全世界，倒不如先改变自己。当你改变了自己，你眼中的世界自然也就跟着改变了。面对主管的刁难，吉姆没有抱怨，也没有想过要去努力改变什么。他凭借着宽容一切的心态，成了最后的赢家。

拥有宽容，你就能够受益一生。宽容不但能够松弛别人，也能抚慰自己。它会让你变得自信、随和，能够让你对人生有更多的感悟，把一些不必要的事情看得很轻，再大的误解，再激烈的冲突，都不会在拥有宽容心灵的人心里留下痕迹。他们的心里总是快乐、轻松、幸福的，总是能用积极的心态去面对人生的每一件事情。

傍晚时分，一位和尚在返寺的路上，突然雷声隆隆，下起了大雨，“怎么办呢？”和尚着急四望，在不远处有一座庄园，他跑了过去，希望能求宿一宵，避避风雨。

庄园很大，守门的仆人见是个和尚敲门，问明来意，冷冷地说：“我家老爷向来和僧道无缘，你最好另做打算吧！”

“雨这么大，附近又没有其他的小店人家，还是请您行个方便。”和尚恳求着。

“我不能擅自做主，等我进去问问老爷的意思。”仆人入内请示，一会儿

出来，仍然不肯答应，和尚只好请求在屋檐下暂歇一晚，结果，仆人依旧摇头拒绝。

和尚无奈，便向仆人问明了庄园主人名号，然后冒着大雨，奔回了寺庙。

一年后，庄园老爷的夫人想到庙里上香祈福，老爷便陪着一起出门。到了庙里，老爷忽然瞥见自己的名字被写在一块显眼的长生禄位牌上，心中纳闷，找到一个正在打扫的小和尚，向他打听。

小和尚笑了笑说："这是我们住持一年前写的，有天他淋着大雨回来，说有位施主和他没有善缘，所以为他写了一块长生禄位。住持天天诵经，希望能和那位施主解冤结、添些善缘，至于详情，我们也都不是很清楚……"

庄园老爷听了这番话，当下了然，心中既惭愧又不安。后来，他便成了这座寺庙虔诚供养的功德主，香火终年不绝。

世界说小不小，说大不大，人生何处不相逢。胸襟宽大的人，能够明白"大恩与大怨，人我原无两"的道理，于是面对环境和他人施与自己的一切恩怨，都能主动化解，结果恩与怨就变成了道业的助缘。相反，心胸狭隘的人，除了求一时之快以外，积累恶缘阻绝善缘，结果只有逐渐封闭自己未来更多可能的路向。

以怨报怨，怨永远存在；以爱报怨，怨自然消失。宽容伤害你的人，恩待为难你的人，正说明你具有宽广的心胸和高超的处世技巧。

或许，要如故事中那位住持般的胸怀修为，可能不易，然而"高山仰止，景行行止，虽不能至，心向往之"，以此为人生成长的标杆之一，则个人的路，自然无限地宽广！

7.心灵的温度，决定人生的冷暖

用心感受人生，宽容面对诋毁和诽谤。

心灵的温度决定人生的冷暖。宽容，就是用自己的温暖融化别人冰冷的心。生活中，不会宽容别人的人，就得不到别人的宽容。宽恕不能改变过去，但它能拓展未来。要学会忍耐他人的羞辱，因为你也有许多要别人宽容的缺点。

当我们面对他人的无端诽谤时，千万不要慌乱。因为我们自己最清楚自己到底做没做。我们无须过多地去辩解，我们自己清楚我们是清白的，这只不过是对我们的一次考验。坚持，就会进步。前进一步，海阔天空；前进一步，柳暗花明。痛苦终将过去，而那过去的，将成为我们美好的回忆。

在生活中，与人相处遭遇一些恶意诋毁也是常有的事情。流言蜚语并不可怕，关键看我们用一种什么样的心态去对待。

一个人要实现自己的理想，要找到真理，纵然历经千难万险，也不要后退。奋斗的过程中，要用坚强的意志来支撑自己，忍受一切可能遇到的屈辱，只要坚持下去，就能取得成功。忍耐羞辱不但损害不了你人格的完整，还会使人们真正了解你人格的伟大。重要的是，在遭遇苦难侮辱时，把这一切都抛之脑后，得一份清爽的心情。当面临无耻之徒的恶意诋毁时，你的态度应该是置之不理。

日本有一位修行有道的高僧叫白隐禅师。在白隐禅师住处附近一对夫妇开了家店铺，他们有一个漂亮的女儿。时间长了，夫妇俩发现女儿的肚子无缘无故地大起来。这种见不得人的事，使得她的父母震怒异常！在父母的一再逼问下，这位姑娘吞吞吐吐地说出“白隐”两个字。

这对夫妇听完后怒不可遏地去找白隐理论，白隐静静地听完了对方的辱骂，只淡淡地应道：“就是这样吗？”可事情并没有完，等那姑娘肚中的孩子降生后，姑娘的父母竟毫不犹豫地将婴儿抱给了白隐。这着实是一件让白隐禅师难堪的事，“一位出家的和尚，竟与民女通奸，还生了孩子，出的是哪门子的家”，街头巷尾议论纷纷。

这位白隐禅师因为此名誉扫地，但他并不介意，他没有任何辩解，只是认真、细心地照顾着孩子：他向邻居乞求婴儿所需的奶水，买来其他婴儿用品，虽不免横遭白眼，或是冷嘲热讽，但他总是处之泰然，仿佛他是受人之托抚养别人的孩子一般，他只想让那个孩子天天健康、快乐地成长。

一年后，那位未婚妈妈感到良心不安，终于不忍心再欺瞒下去了，就如实地向父母说出了真相：孩子的亲生父亲是在鱼市工作的一名青年。于是姑娘的父母羞愧万分地去向白隐禅师赔礼道歉，并抱回孩子。

白隐仍然是淡然如水，在把孩子交还给他们时仍然只是轻轻说道：“就是这样吗？”

有时，我们难免会被污蔑、误会，甚至名誉遭到诋毁，这时你也不必太过在意这些，我们不能每时每事都让人相信我们的清白，这时何不想开一些，心胸开阔一点呢？不要让是非影响了我们的生活，反正假的永远也真不了！如果你事事都去解释或还击，往往会使事情越闹越大。这时不妨向白隐学习，把自己的心胸放宽一些，没有必要去理会。

有些人因为遭遇外面一些人的恶意诋毁，就觉得没脸见人，觉得大家都在冷淡自己，于是干脆离群索居，不与朋友来往。也有的人因见昔日好友一下子用怀疑、审视的眼光看自己，就感到万念俱灰。其实，这样做只能害了自己，使你没有与他人交流、倾吐内心烦闷的机会，使朋友们少了了解你的机会，而将自己困在一个密封的小圈子里，越来越想不开，甚至走上绝路。

生活是严峻的，生活中有真善美，也有假恶丑，受到一些伤害是难免的。要想保护好自己，关键在于你以怎样的生活态度和心理来对待生活。如果你很坚强，假恶丑的东西就没有存在的空间。

我们不能畏惧一切恶意的诋毁。在遇到流言蜚语时，我们应该和自己较较劲，好好地活着，快快乐乐地生存着，睁大眼睛看着厄运之神怎样在你面前退却。

要相信自己的家人和朋友，在遇到不平的时候，可以向他们倾诉心中的不快。古人说，暗极则光。人在最失望或是最绝望时，其实离希望并不遥远，关键在于要顽强地坚持下去。听到别人的流言蜚语，经过客观地分析、判断之后，只要认为自己的做法合理，站得住脚，那么大可以坚持到底，不必妥协。

自己内心纯洁，就不怕别人的恶意诋毁和诽谤；嘴巴是别人的，生活是自己的，抱着淡泊的胸怀，名利如浮云一般，入不得耳目，扰不了心志。只有这样，人生才踏实、充实。不必为过去的得失而后悔，不必为现在的失意而烦恼，把一切恶意诋毁和诽谤都抛到脑后，我们的人生就能快乐。

第六辑

不空虚：相守寂寞，静待梅香

孤独是一种存在，也是一种自在。品味孤独，承受寂寞，在宁静中与心灵相遇，在独处中让灵魂净洁。若能安享寂寞的美丽，空虚也将变得真实。当寂寞来临，与其相拥吧，因为在寂寞深处，你能见到最美丽的花开。

1.人生，耐得住寂寞

寂寞是一道门，往前一步是光明，往后一步是黑暗。

在生活中，孤独是让我们感到恐惧的精神状态。在熙熙攘攘的人群之中，迎面而来的全是陌生的面孔，冷淡的眼神。拼命地追求想要的成功，却无法得到他人的理解和支持，等到有空闲的时候，却发现门前极为冷清，苦苦寻觅一个可以聊天的朋友，却根本找不着。对眼前的冷清充满了恐惧，寂寞的情绪油然而生。在寂寞的时候，甚至会怀疑自己与人交际的失败，性格的缺失等等，整个身心淹没在身单影只的痛苦之中。

的确，每个人都是害怕孤独的，远在陋室之中的刘禹锡渴望着“谈笑有鸿儒，往来无白丁”的风雅，朝堂之上的孔融寻求着“座上客常满，樽中酒不空”的得意。谁都盼望着门前车水马龙，游刃于迎来送往之中。然而，生命的乐章之中，不可能没有寂寞的音符存在，寂寞也并不是一无是处。独守寂寞，可以在洗尽铅华之后从苦难中提炼人生，能够放下不切实际的奢望和追求，把生命中的跌宕起伏视为极平常的现象，从而塑造一个全新的灵魂。寂寞，并不代表痛苦，孤芳自赏、自得其乐也不是含有偏见色彩的贬义词，相反地，而是对个体价值的重新审视和提炼。悠然自得中的快乐才是人生中的真性情，不会掺杂强颜欢笑的虚假成分，发自内心的快乐绝不会有他人面前肤浅和脆弱的属性，而是轻松和放达的另一个解释。

年轻的女孩似乎都是比较害怕孤独和寂寞的，对爱情和工作都有着惊人的敏感。对于张丽来说，更是如此。在校园里，她有过一场刻骨铭心、轰轰烈烈的爱情，后来随着毕业爱情被宣判了死刑。没有了花前月下和卿卿我我，处在寂寞之中的她感到非常不适应，没有了依靠的肩膀，没有了细心的呵护，她感觉自己就像一只断了线的风筝，在风中漫无目的地摇曳着。因此痛不欲生，心灵上受到巨大的折磨和伤害。

为了摆脱失恋的痛苦和解决眼前的生活，她找到了一份工作，想转移一下注意力。但是，在公司里她敏感的毛病却难以改掉。看到别人的工作业绩突出，自己的业绩平平，就觉得是上司在有意地孤立她，不肯给她一个表现的机会。看到别的同事在一起吃饭或者泡吧，她就会敏感地认为自己是一个不受欢迎的人，同事们是有意地疏远她。回到家中，看到冷冰冰的房间，就会感到无限的痛苦。

朋友们看到越来越憔悴的张丽，纷纷劝慰她，告诉她不要太敏感，不要太勉强自己，既然不喜欢热闹的场面就不要太感伤了，一个人的时候正好可以有大把的时间来自做自己感兴趣的事，没有必要去扎堆儿和别人凑那份不喜欢的热闹。在朋友的劝说下，张丽的心情逐渐地好了许多。

张丽学会了享受生活，每个阳光明媚的中午，她都会为自己沏一壶香茗，手捧一本书细细地品味，尽情地享受一个人的诗情画意。当别人把时间浪费在无聊的饭局和麻将上的时候，张丽却听着舒缓的音乐，在案桌上写字画画，从而拥有了一份闲适的心情和高深的修养，那份由内而外散发出的美丽让不少人眼红不已。

随着年龄的增长和阅历的增多，人们对社会的需求逐渐地从物质转向了精神。而对于精神的追求更多的是注重于繁华落尽的纯粹，淡定从容下的平和，这些富有的精神生活，往往需要一个安静的环境来承载，只有寂寞的时候才能够慢慢地品味这种感受。孤独时的心情才会拥有最常有、最本质的情感，才能够拥有最完善的内心。真正的愉悦，不是做给外人看的表情变化，而是内心深处的真实感受。鲁迅先生曾经说过：“当我沉默的时候，我觉得很充实，当我开口说话，我就会感到很空虚。”这句话也正是对大音细声的一种注释，对寂寞朴实的赞美。

2.寂寞深处见云开

守得住寂寞，才守得住繁华。

耸入云端的高山巅峰是寂寞的，因为别人无法达到它的高度；高远的蓝天是寂寞的，因为没有谁能比得上它的辽阔；弹奏阳春白雪的人是寂寞的，因为没有人能够听得懂这天籁之音。寂寞的深处，往往是极致的美好。同样，一个优秀的灵魂，也是寂寞的，因为别人永远达不到他的人生高度。

对于我们来说，寂寞并不可怕，寂寞的来临也正验证了我们的坚贞和方向。一个优秀的灵魂，不会为别人的不理解和嘲笑而动摇，相反，却能从充实中得到满足。没有寂寞感的人，多数是与世俗同流合污没有主见的生命，没有值得别人理解的内涵，因此也就不会感到寂寞。

李白说：“古来圣贤皆寂寞”。古往今来，凡事能够成就大事的人，都会经历人生的跌宕起伏，伴随着跌宕起伏的，必是寂寞的基调。为了不孤独而去迎合别人，只会让自己的内心更加的扭曲。别人的欢笑，并不能代表你的真正需要，别人的一时兴起的掌声，也未必就是你应有的生活高度。

公元753年，张继来到京城长安，参加科举考试，原以为才高八斗一定能够金榜题名光宗耀祖的，谁知，等到发榜的那一天，长长的黄榜上，从第一名到最后一名，却没有他的名字。名落孙山，也就意味着没有“春风得意马蹄疾，一日看尽长安花”的荣耀了。张继心灰意冷，只好打点行装沿着来时的路返回家乡。

船到了苏州，如果是衣锦还乡的身份，绝对会怀着勃勃的兴致来游览一番这座历史文化名城的。可惜，一个落第举子的身份，让张继失去了游山玩水的雅兴。望着滔滔的江水，这个年轻人的心里是无尽的哀愁和忧伤。一叶扁舟，一盏青灯，在漫漫黑夜中更加衬托了张继的孤独与寂寞。

坐在船头，任由寒风吹起青衫，凌乱的头发蒙住双眼。张继觉得自己就是江水中的一叶孤舟，没有方向，不知该停留在何处。尽管考试已经结束一段时间了，但他的心里依然久久不能平静。想起家中的爹娘，想起临行前的豪言壮语，他失眠了。那颗支离破碎的心依然被痛苦吞噬着。

月亮西斜，乌鸦悲啼，看着眼前惨淡的景色，张继感到了森然的寒意，感觉天气也在捉弄自己受到伤害的身躯。天上的星星也疲倦地打起了呵欠，天地之间只留下他在漫漫长夜之中无法入眠……

从水上传来了寒山寺的钟声，对于寒山寺来说十分正常的夜半钟声，却一声声地撞击在了张继的心里，泛起了阵阵心酸的苦涩。他更睡不着了，索性摸出纸笔，黑暗中写下了一首名叫《枫桥夜泊》的诗：“月落乌啼霜满天，江枫渔火对愁眠。姑苏城外寒山寺，夜半钟声到客船。”

1000多年后，天宝十二年的那场考试人们早就忘记了，跨马游街、琼林赴宴的风光面孔变得无影无踪，人们记下来的，只是那个叫张继的落榜者的名字和那首脍炙人口的诗篇。

世界上最强的人，往往是最寂寞的人。强者奋斗的路途当中，会不可避免地遇到寂寞，只有寂寞才能让心灵保持一尘不染，那种先天的才华才不会被世俗所吞噬。因此，我们在漫长的人生道路上，应该看淡这与生俱来的寂寞，在漫无边际的永恒之中，寻找那颗属于自己的星星，谱写属于自己的美丽篇章。

3.寂寞，灵魂的超脱与解放

春来无痕，寂寞花开。

“人生如戏”不是毫无来由的比喻，而是无法否认的现实。滚滚人流之中，我们所见到的一张张或喜或怒或哀或乐的脸，未必是心灵感受的真诚流露。生活的大部分内容都是处在表演之中：用谦虚来表演着对别人的恭维，用热情表演着性格随和，用诗词文章表演着品位的优雅。与人相处的时候，我们刻意地去掩饰着内心的真情实感，久而久之，灵魂就会虚脱，自己真正的思想就会跑得无影无踪。与人共处是一门“取悦”的学问，哪怕是和最知心的朋友在一块，也无法摆脱表演的外衣。因为，我们十分珍惜那份来之不易的友谊和感情，绝不愿意因为一时的任性而带来双方的不愉快，因此不得不怀着善良的愿望，小心翼翼地取悦着对方。在这个时候，能够独处，就会成为十分难得的幸福。

寂寞的时候绝对不是无聊的，寂寞有着本身真实的趣味。独处的时候，生命就会返璞归真，没有丝毫的矫揉造作。一个人独处一室，可以从心所欲，让灵魂得到解放和超脱。从来没有一个人会在只有自己的时候还要乔装打扮，绝不会拿着衣冠楚楚、道貌岸然之类的东西进行自我欺骗，不用再去考虑别人的感受，获得虚假的欢笑，更不会刻意地表演来显示生活的品位。寂寞是属于一个人的，寂寞的时间和空间也是属于一个人的。明智的人不会在寂寞的时候百无聊赖地寻求消遣，而是能满怀喜悦地经营幸福的空间。

有一位建筑设计的专家一生设计出了许多优秀的作品，在建筑界中获得了很高的威望。在过完70岁寿辰之后，他对外宣布说："我已经老了，没有力气再去做设计工作，过一段时间就退休。"许多建筑商听到这个消息后纷纷登门拜访，高价购买他封笔之前的设计图。

这些封笔之作的设计和他往日的风格大不相同。他想突破传统的楼宇设计形式，力求在住户之间开辟一条自由交流和交往的通道，目的是让邻里之间不再视同路人，能够突破障碍，享受社区大家庭的亲切与温馨。

一位思想前卫的房地产商人十分赞同和支持他的设计理念，花大价钱请他设计，认为一定能够取得平地惊雷、不同凡响的效果。大师的设计出炉之后，房地产商人在宣传上下了很大的工夫，花重金在报纸和电视台上为这一新型设计做广告，希望能够得到人们的关注。可惜，人们不为轰轰烈烈的广告所动，没有人来购买这样的新户型，市场反应非常的冷清，楼盘的交易额创下了该公司有史以来的最低点，整个城市的楼市因为这样的设计风格而处以低迷的状态。这让开发商和设计者感到很惊讶，百思不得其解。

情急之下的房地产商人，让信息部门去做市场调查，寻找其中的原因所在。调查的结果更是让他们感到吃惊。受调查的人们认为，这样的设计给人的感觉是耳目一新的，有着其他建筑所没有的清爽，但是这样一来，随着邻里之间交往的增多，每个人都生活在类似于公共场合的环境之下，个人空间变得越来越小，心情上得不到放松，在外面累了一天回到家里还要继续延续白天的强颜欢笑，家就失去了休息的内涵与意义……

设计师听说之后，心痛不已，原以为功德圆满的收场，没想到却落了个如此狼狈的结局，他退还了所有的设计费用，在秋风瑟瑟中打点行装回老家隐去了。他对别人感慨说："我只识图纸不识人，这是我一生中最大的败笔。我们可以拆除隔断空间的砖墙，而谁又能拆除人与人之间坚厚的心墙?"这位德高望重的艺术家到现在也没有明白，人和人之间需要的不仅仅是一团和气的温馨，每个人更需要一片真正属于自己的天地。

寂寞的人，一切都会还原真实，真实是最高贵的高贵，最美丽的美丽。寂寞，是让身心得到休息的最好场所，是灵魂升华的最佳时机。生命中没有了属于自己的空间，人就会变得像一台没有生命的机器。

4.寂寞，是生命的空隙

放下杂念，才能觅得心灵的宁静。

处在寂寞之中的人们，大都有着灵魂上苦闷和冷清的感觉，在性格上有着多愁善感的细腻：面对夕阳西下，会因为“断肠人在天涯”而寂寞；面对灯红酒绿和车水马龙会因为“无不散之宴席”而感到寂寞。在寂寞之中，苦苦地寻找着自己的栖息之地，探索属于自己的真正内心世界，在太阳的阴影中寻找自己的足迹，对眼前的繁华景象因为感到虚无缥缈而极度地不适应。古往今来，越是才智超群的人越会感到寂寞，因为高贵的灵魂容不得丝毫的玷污，优雅的品位不愿意因为世俗而屈尊。

面对寂寞，我们要怀着平和及感激的心态来看待。寂寞，是上苍赐给我们的生命空隙。马路上的车辆总要保持一定的距离来维持交通，保障安全，在生命的历程之中又何尝不是如此呢，我们给自己留一个缓冲的余地，随时地调整自己，清理一下生活的空间，让心灵与生命进行一场推心置腹的交谈，了解自己所真正需要的东西，屏蔽那些不必要的生活和思想垃圾。

苏轼是北宋时期著名的诗人和学者。神宗年间，小人诬陷他的诗歌中有反对变法的情绪，被宋神宗贬官到黄州做了团练。从此之后，远离了汴京重地，放逐与江湖之上。他的生活也陷入了困境。

离开了熟悉的汴京，来到不毛之地的黄州，举目无亲，由于俸禄的减少而带来生存的艰难，因为是戴罪之身惹来不少人的白眼，换作别人，对巨大的生活落差是无法适应的，肯定会借酒消愁，不思振作。而苏东坡却不改乐观的态度，在寂寞和冷清之中，依然是自得其乐，有滋有味地活着，对于这巨大的变故，只是一句“世间一场大梦，人生几度秋凉”而已，别人的忧谗畏讥，对他来说是多此一举的，一句“谁怕，一蓑烟雨任平生”把所有的忧愁和烦恼都抛掷在了脑后。

无论是在黄州，还是在之后的惠州、儋州，流放的生涯都不能给苏东坡带来心灵上的重创，突如其来的变故，在他的眼里却是稀松平常的。他深受佛家“平常心是道”的启发，过起了真正的农人生活，每天日出而作、日落而息，对于出身富贵的人来说是不堪其苦，而苏东坡却迷恋上了这种淳朴的生活。并写诗说：“沛然扬扬三尺雨，造化无心恍难测。老夫作罢得甘寝，卧听墙东人响屐。腐儒奋粝支百年，力耕不受众目怜。会当作溏径千步，横断西北遮山泉。四邻相率助举杵，人人知我囊无钱。”一个举世闻名的大文豪能够放下身段为做一个田舍翁而快活和满足，这份心性让很多人感到羡慕，他那种乐天知命的人生态度，也值得后世人去学习。

我们都在渴望着美好的生活，而美好的生活并非是物质的充裕、交际的广泛所能决定的。美好源于内心。外界的环境毕竟要通过内在的思想才能发生作用，假如内心之中有一片清静的天地，那么，就没有什么外在的东西能够打扰我们的生活。放下杂念，做到胸襟开阔，不迷恋尘世的热闹繁杂，用心去经营精神的空间，就能发现，生活中处处充满了诗情画意。寂寞的环境，并不妨碍我们去构筑“把酒吟诗”的快意。

5.安享寂寞中的宁静与温存

花开的声音，若有若无。

花开的声音细如游丝软语，若有若无，又美若清水荡漾，至纯至善。而只有细腻委婉、灵动而沉静的心灵才能捕捉到这种美好的声音。当你孤寂的时候，一个人细细地聆听花儿的声音，会让你感到生活是那么的无比舒心和自在！

生活中有很多人喜欢静听花开的声音，喜欢这孤独宁静的心境。它犹如邂逅一缕春风，清新扑面，心意舒适；又如邂逅一朵白云，悠悠荡荡心明澄澈，它是心灵达到和谐宁静的一种极致。

花开本无声，只有你静心静听才能听到。可以说，花开是有声音的，是一种很美妙的声音。有些人没有听到过花开的声音，那是因为他不会享受孤独。内心不平静的人，是永远无法听到花开的声音的。蝴蝶翩跹之时，请细细聆听，有一种声音来自天籁，那便是花开的声音。

“人闲桂花落，夜静春山空。”王维的这两句诗反映的便是一种空灵恬静的精神状态。这里的“静”不仅仅是指自然界的宁静，更是诗人内心淡泊明静的一种真实写照。当你的心灵达到道家所谓的“虚静”时，也即达到诗中“闲”的状态。此时，你就会聆听到大自然最真切最原始的声音，就可以与花朵进行一场对话，就会与自然界有一种纯真的灵性互动。

静听花开的声音，品味生活的变幻无常，你会发现生活中的一切忧喜皆是一瞬间，犹如昙花一现。世间的庸俗让人疲惫，不管经历多少坎坷，我们仍需勇敢地面对。

有一个小女孩叫雪儿，她很可爱，平时不爱说话，总喜欢甜甜地笑，喜欢看书，喜欢孤独，喜欢待在书房的窗下，静听花开的声音。她不知道外面天空的颜色，不知道周围发生的一切，总是跟着书中的故事度过了一个个轮回，静静地，她有的只是婆娑的泪眼，动容的情感，喜欢看着镜中的自己，感受瞬间的气息。雪儿总是文文弱弱，除了读书什么也不会做，春暖夏日秋风冬雪，年复一年。对雪儿来说，生活是美好的、平静的，花开的声音就是这么静悄悄。

偶然有一次，雪儿到小河边静听花开的声音，然而一场暴风雨正在家乡的上空酝酿，狂虐的风，不顾一切地暴殄着周围的一切，当闪电雷鸣在头上炸开的时候，岸边那棵老树顷刻发出啪啪的痛苦声，在绝望中倒下了。雪儿瞬间就被倾倒的树压住，右腿无论如何也抽不出来，泪水像那场暴雨一样汹涌，但是喉咙里除了呜呜声什么也喊不出，雪儿的心里有一种说不出来的恐惧。

当雪儿睁开眼睛的时候已经是在医院里面了，极度的惊吓让女孩不再会笑，有的只是那双无助的大眼睛，无论在白天还是晚上一直不愿闭上眼睛休息，因为一闭上，那个可怕的像梦魇一样的场景，就会在眼前浮现，这也成了雪儿今后的一块绊脚石，怕极了狂风暴雨，特别是夜晚，她总是抱着被子睡不着。

为了不让父母担心，雪儿决定让自己独立起来、坚强起来，于是她每天很努力地练习走路，靠着墙挪动身体，吃各种食物，不再挑食……漫长的暑假过去了，雪儿让自己在辛苦中恢复起来，每天读着《钢铁是怎样炼成的》、《牛氓》、《张海迪》、《假如给我三天光明》，她变得更加热爱生活，更加知道如何去珍惜自己所拥有的一切。她还是那么喜欢静听花开的声音。

雪儿康复以后仍努力地坚持锻炼身体，她要让自己成长起来，强壮起来。一切都在飞速变化着，唯一不变的是雪儿爱读书的情怀，偶尔还是会有婆娑的泪眼，细腻的情感，喜欢感受自己的气息，喜欢静听花开的声音。生活真的可以历练一个人。她笑着对别人说花开有一种声音，朋友都笑了，说她太多愁善感。雪儿没有说什么，又是甜甜地笑着，她觉得这个世界因为花开的声音而美丽。

静听花开的声音，你会发现：生命的绽放让人欣喜。生命无常，没有什么是永恒不变的。我们现在能做的，就是要默默地发现生命的感动，珍惜相拥的温暖。只要坚信有爱，激情就不会退却，爱情就不会只是瞬间。人世间除了金钱，能给我们带来快乐的还有很多别的东西，我们要勇敢地面对生活，快乐地过好每一天。

静听花开的声音，静静地感受心跳的旋律。用浪漫的心去诠释平淡，把内心的躁动谱写成青春的乐章，让岁月的年轮带走年少的哀伤。你就会发现，生命就是一种感动、一种欣喜。生活中，有时我们需要静下心去感受自己的心情，精心地打磨自己的情感，细心营造属于自己的机会，然后用心去发现生命的闪光，用正确的心态构筑心灵的城墙，让脆弱变得无处可藏，让性格充盈坚强起来。机会对每个人来说都是弥足珍贵的，珍惜是福，平淡是真。

当你感觉孤独的时候，可以静静地守候着自己的花儿，可以静静地坐在那儿，不发出一丝响动，你会听到花开的声音。生活并不会改变什么，是我们内心的浮躁让我们的感觉变得麻痹了，让我们失去了发现的能力，让我们的内心越来越空虚。所以，给自己一点时间，安静下来，享受孤独，静听花开的声音，静听我们内心的声音。你会发现，静听花开的声音是一种美好的生活姿态。

6.在孤独中品味阅读

孤独，是心灵超脱后的一片净土。

学会坦然面对孤独并不是一件易事，必须经过心灵的洗礼，才能做到真正的心平气和，让心不再孤单。

孤独有时候是一种情结。它磨不灭、撕不烂、挥不掉、赶不走，是对你依依不舍的朋友。孤独如飘零的雪花，盘旋于天地，爱恋北方，情系冬季。

孤独有时又很浪漫，一种心酸的浪漫。一个人留恋大街的寂静，守望街道的宽敞，独自享受路的抚慰。那些寂寥的人群匆匆与你擦肩，虽见不到面孔，却心有灵犀。我们是同路人。当他们静静从你身后消失时，你会不舍地望一眼，就那么一眼，你想在这个寒冷的夜里，看看背影的温暖。

坦然地面对孤独也是一种快乐，是处乱不惊的境界。不要过分地追求自己的辉煌，不要过分地重视自己的地位，你便会过得坦然而自信。没有谁不遇到孤单和寂寞，没有谁永无不幸和苦难，但只要认真地去承受，付出自己的努力，给别人带来快乐，我们自己就会快乐。

孤独也很潇洒，比一片冬雪还轻盈，只是目的很单一地行走，管他风冷树摇，管他风乱头发。外表的美丽被黑夜淡忘，唯一拥有的只能是孤独，就在今夜。谁能抓住一片雪的身躯，谁能阻止一片雪的凋亡，谁能亲吻一片雪的温唇。没有人，今夜，没有人打扰。

孤独就是一种感受。风、雪、冰，还有寒冷。假若没有孤独，哪里还能存在一个感性的诗人。孤独不是对自己的虐待，是一种对心灵的善待。孤独很轻，很小，很柔，也很美丽，虽无形状，却被世人皆知。孤独洋洋洒洒，飘飘落落，冷冷清清，带着劲足的酸楚。

孤独也是一种娱乐。自娱自乐，简单的迷茫。那些喜爱黑夜的人，那些唱着伤感歌曲的人，带着孤独悄然来到我们的身边。我清唱的那些类似胡言乱语竟被凌乱的雪花听懂，嘲笑了我的娱乐。心灵的伤痛很难痊愈，唯一要做的就是不让心灵受伤。恰似孤独解千愁，杯中酒。

孤独更是一种享受。花开的喜悦，结冰的欢呼。独自守着一座老屋，享受一些破败的景象，挥霍一些无奈的时间。

人生在世，谁都难免被孤独所困，我们也只能不在孤独中消亡，就在孤独中爆发。孤独的时候，我们是不是应该抽点空，静下心来，在孤独里独自阅读一下自己。

繁华过后的孤独是冷清，耀眼过后的孤独是寂寞，静静的孤独之后是阅读。在孤独里阅读能汲取孤独的精华，在孤独里沟通能开阔心境，在孤独里凝视能增长见识。在孤独里不孤独地自我阅读可以提升人的修养。

19世纪美国最具世界影响力的作家、哲学家梭罗，在一生里写过很多书，但是真正让他成名的却是他阅读自己的那本《瓦尔登湖》。梭罗的第一本是1849年自费出版的《康科德河和梅里麦克河上的一星期》，此书虽然精雕细刻，但是却晦涩难懂，没有引起什么反响，印行1000多册，售出100多册，送掉75册，存下700多册，在书店仓库里放了4年，全部退给了作者。梭罗曾诙谐地说："我家里大约藏书900多册，其中自己著的就有700多册。"

在经历了几十年的人生风雨之后，梭罗到了康科德城的小湖边上。他亲手搭建了一个小木屋，然后自己开垦土地，种植庄稼和蔬菜，过着与世隔绝的日子，在那段宁静而寂寞的日子里他开始阅读自己这本书。他"读"到了很多平时想都没有想过的东西，发现了自己很多心灵深处的秘密。他把每一天“读”到的东西都完整地记录下来，然后整理成书，这就是至今依然光芒万丈的《瓦尔登湖》。在书里他强调亲近自然、学习自然、热爱自然，追求“简单些，再简单些”的质朴生活，提倡短暂的人生应该因为思想的丰盈而趋于完美。也就是因为寂寞，梭罗才有更多的时间来阅读自己。

阅读自己，不是自我忏悔，也不是对自己的刁难，而是以一种淡然而洒脱的心态，心平气和地同自己的心灵进行对话。这种同自己心灵的对话或许是对自己纷乱思绪的梳理，可能是对焦虑烦闷缘由的追寻，也可能是对影响自己心情的人或事做理性的分析，又或许是对破碎往事的修复与反省……阅读自己，换句话说，就是对自己心灵的清理与发现。寂寞里的自我阅读能更好地提升自己。

卢梭在写出自传《忏悔录》之前过着颠沛流离的生活，给人做过苦工，遭受过迫害，写过书稿等，50岁以后的他处境也不是很好。大理院下令焚烧他的著作，他被当作疯子和野蛮人遭到紧追不舍的迫害，从此开始了逃亡生活。不久之后，他逃到瑞士，在那里他的书也被焚烧了。再后来，他逃到普鲁士的属地莫蒂埃，教会立刻宣布他是上帝的敌人。他没有办法，又流亡到圣彼得岛。这时，几乎整个欧洲都把他当作了邪恶的化身，一个品行恶劣的小人。眼见自己被人抹得漆黑，将要成为一个千古罪人了，他感觉自己必须认真地反思自己，究竟是像众人口里说的那样是一个恶人，还是被人陷害或者误解了。

在那个小岛上，卢梭开始了深刻阅读自己的过程。没有人陪他说话，也没有什么东西可以打发时间，更没有书看。于是，他就把自己的一生当作一本书，从头开始一页一页地阅读，然后把自己阅读的过程完整地记录下来。世人因此有幸读到了这部伟大的巨著：《忏悔录》，卢梭也正是因为这本书而获得了在世界文学殿堂里长久地受人景仰的崇高地位。

圣彼得岛的生活是苦涩的，因为没有人可以陪伴；圣彼得岛的生活是孤寂的，因为没有朋友可以相随；圣彼得岛的生活是寂寞的，因为只有卢梭一个人。但就是这样的寂寞生活才让卢梭有了更多的时间来阅读自己，认识自己，从而修炼自己。

和卢梭一样在孤独里阅读自己的还有孔子。孔子生于中国最动荡的时期，国家四分五裂，各地诸侯据地而争，常年战乱四起，民不聊生，老百姓过着水深火热的生活。这时的孔子带着他的一腔热血和满腹理论去游说君王，希望可以使百姓免于生灵涂炭的生活。

孔子自20多岁起就想救济天下，所以对天下大事非常关注，对治理国家的各种问题进行思考，都有自己独到的见解，到了30岁的时候，已经小有名气。他游走于各个诸侯国家，希望他的政治抱负能够得到重用，但是现实令他失望了。他的理想破灭了，因为没有人接受他的思想，没有国家愿意去实现他的理想。所以游说失败的孔子是寂寞的，寂寞的孔子想到的是重新审视自己。在没有人承认自己的岁月里，孔子没有自暴自弃，而是更专心地致力于儒学教育，先是打破贵族教育制度，开办私学，后编纂《春秋》，修订“五经”，为中国的文化事业作出了卓越的贡献。孔子弟子上千，贤人七十二，这些都是寂寞里的孔子的功劳，是他教学相长的结果。学识得不到重视的孔子在寂寞里阅读自己，把自己的毕生所学毫无保留地奉献给了后代，时至今日，《论语》依旧闪耀着光芒。

孤独是夜深人静里美艳妖娆的妖怪，能为书生送去粮食也能汲取人类的精华；孤独是春天里的第一声惊雷，能唤醒万物也能带来暴雨；孤独是绽放于夜空的烟花，能带来瞬间的美丽也能给人以无限的感伤。

孤独是炎热夏天里的一股清泉，清凉而不冰冷；孤独是中药炉下的那丝文火，温和而不急躁；孤独是清晨的那道曙光，迷人而不刺眼。孤独是自我检验的试金石，在孤独里自我阅读是修身养性的自我陶冶之道。

学会孤独，去自由地栖居，须放得下繁华，耐得住孤独，达到“物而不物”的境界。若是心恋浮华，不舍喧嚣，终不得心灵的安顿。就好比一个人，汲汲于富贵，切切于名禄，桎梏于外物，怎可能出离尘世而追寻幽独？又好比一匹马，被拴上了枷锁车套，只有一味地卖力奔驰，哪有机会停下来思索自己的生命？坦然面对孤独，就是要固守一份超脱的心境！学会坦然，你就会不以物喜而开怀失态，不以己悲而沉醉低迷。学会坦然，才有一颗平常心，才会生活美好、才会快乐！

7.独处是美丽的寂寞

与寂寞为舞，是一种享受。

真正的孤独者，其内心世界里总会存在一个热情如火的自己，他们已把孤独当作是上帝赐予的最好礼物。唐伯虎的经典名句：“他人笑我太疯癫，我笑他人看不穿。”因此，努力地做好自己才是最重要的。

唐伯虎，名寅，字伯虎，出身于商人家庭，地位比较低下。在当时“显亲扬名”的主导下，他刻苦学习，11岁就显示出极好的文采，并写得一手好字。16岁中秀才，29岁参加南京应天乡试，考取了第一名“解元”。次年与同乡一起赴京汇考，可谓“功名富贵”指日可待。但与他同路赶考的江阴大地主徐经，暗中贿赂了主考官的家僮，事先得到试题。待事情败露，唐伯虎也被牵连下狱，遭受刑拷凌辱。因此，才高自负的唐伯虎对官场的“逆道”产生了强烈的反感。自此，他放浪不羁，与同乡“狂生”张灵交友，纵酒不视诸生业，后在好友祝允明的规劝下，才发愤读书，决心以诗文书画终其一生。随后，他远游至各大名山，并荡舟于洞庭湖、彭蠡，最后回到苏州。晚年，他信奉佛教，自号六如居士。曾作诗自责，说大丈夫虽不名，也应慨当以慷，又何必效楚囚的样子，遂自刻了“江南第一风流才子”的印章。后被南昌宁王朱宸濠聘用，发现宁王有反意，于是装疯回到苏州。

在他人看来，唐伯虎性格狂放不羁，甚至有些颓废，但他在绘画方面可谓独树一帜，自成一路。他的山水画中描写雄伟险峻的崇山峻岭、楼阁溪桥、四时朝暮的江南胜景居多，也有些描写亭榭园林的作品。山水人物画，大幅气势磅礴，小幅清隽潇洒，题材丰富多样。就现在来看，唐伯虎的名号也是响当当的，不愧为当时江南四大才子之首。

一个人想要做好自己并不难，关键是在孤独中做好自己，不为他人而折腰。“做好自己”并不适合作为一个人的座右铭，它需要用能力打造自我，用自己的行动去向他人证实。要做好自己，就要学会接受寂寞，成为一名高尚的孤独者。

人的一生会经历各种各样的艰难困苦，这些人生的必然经历可大可小。有看得见的为困苦而愁，有看不见的孤苦难熬。不管是达官显贵还是普通平民，都有孤独寂寞的时候。有人会被孤寂缠绕一生，郁郁寡欢而至老死；有人会驱除寂寞，让人生从此不难过。驱除寂寞最大的法宝大概就要数享受寂寞了。

孔子曾经说过：“视其所以，观其所由，察其所安。”所谓的“安”就是心安理得、心绪宁静。宁静是一种厚积薄发的蓄势，是一种人格修养。“非淡薄无以明志，非宁静无以致远。”一个人只有坦然地对待内心的孤寂，把它作为一种生活的享受，人生就会闪现异样的光芒。

很久以前，有个年轻英俊的国王，他不但拥有至高无上的权力，而且很富有，因为整个国家都是他的。但他却一直不开心，总感觉自己很孤单，因为他弄不明白两个问题：一是，我一生中最重要的时光是什么时候呢？二是，我一生中最重要的人是谁？

国王对全世界的哲学家宣布，只要能圆满地回答出这两个问题的人将会分享他的财富。哲学家们从世界各个角落赶来了，但他们的答案却没有一个能让国王满意。

这时有人告诉国王，在很远的山里住着一位非常有智慧的老人。这位老人或许知道国王要找的答案。于是国王就出发去找那个智者。

国王到达那个智慧老人居住的山脚下，然后把自己装扮成一个农民。国王来到智慧老人住的简陋的小屋前，看见老人盘腿坐在地上，好像在挖着什么。

“听说你是个智慧的人，能回答世人所有的问题，是吗？”他接着说，“那么你能告诉我谁是我生命中最重要的人吗？我的人生何时是最重要的时刻呢？”

“帮我挖点土豆”老人说，“然后把它们拿到河边去洗干净。我去烧些水，之后你可以和我一起喝一点汤。”

国王以为这是智慧老人对他的考验，于是就照他说的去做了。他和老人一起待了几天，希望老人能够回答他的问题，但是老人什么话都没有说。

过了几天，国王生气了，因为智慧老人没有回答他的任何问题，而且还浪费了他宝贵的时间。于是，他拿出自己的国王印玺，表明了自己的身份，然后宣布老人是个骗子。

老人说：“我们第一天相遇的时候，我就回答了你的问题，但你没明白我的意思。”

“你的意思是什么呢？”国王问。

“你来的时候我向你表示欢迎，让你住在我家里”老人接着说，“要知道过去的已经过去，将来的还未来临，你生命中最重要的时刻就是现在，你生命中最重要的人就是现在和你待在一起的人。因为正是他和你分享并体验着生活的快乐！你的人生不是孤立的，是有人陪着的，哪怕你感觉到孤独的时候也是有人陪着的，那个人就是你自己。只要懂得享受你现在所拥有的一切你就是幸福的，哪怕那是你看不见的孤独和寂寞，对你而言都是幸福的一种享受！”老人说完继续忙自己的事情。

人生最难得的不是拥有，而是享受。一国之王拥有至高无上的权力却是孤独的，因为他是不懂得驱逐孤独，不懂得享受孤独的人，所以他的人生一直在追寻、在思索。只有懂得驱逐孤独的人，人生才不会那么难过。

美国著名心理学家马斯洛对人有种评判，他说在人群中有10%的人属于自我实现者，他们是最富有创造性、最有社会贡献力的人，他们有独处的需要，他们能把人生的寂寞驱逐出去，化寂寞为力量。在人生寂寞的时候，也是他们自省、深谋远虑以及富有创造性的时候。所以，能够忍受独处而驱逐寂寞的人，一定是个心理很成熟的人。

每个人都有感到孤独的时候，有些事情不敢跟朋友、同事和家里人说。因为要坚强，要保持自身的良好形象，所以人就变得孤独了。处理的最好办法就是接纳它。当人生开始慢慢接纳了孤独，那么孤独就和人的生活相依相伴，这个孤独就变得无所不能起来。在《鲁滨孙漂流记》中，主人公最初是很孤独的，但后来他接纳了孤独，适应了荒岛的生活，把心里的孤独驱逐出去，开始了新的生活，成了荒岛的主人。人们面对孤独时是战胜孤独，还是被孤独所战胜，就要看人们怎么把握它。

没有孤独的人生是有遗憾的人生，而能够驱逐孤独的人生才是圆满的人生。人在孤独的时候是要学会和寂寞相处的，辛弃疾曾经有词曰：“笑我庐，门掩草，径生苔。”这足以可见他当时深处的环境是何等的孤独寂寞。就是在这样的环境里，他读书写作，潜心创作，以此驱逐内心的寂寞，令生活过得饶有情趣。

是啊，当我们为了孤独想不开的时候，为什么我们不能学学辛弃疾呢？把心中的寂寞驱逐，将它化为一种力量，去感受它呢？

努力做好自己，需要在“走自己的路，让别人说去吧”的世界里完成自己的梦想；努力做好自己，需要忍耐难熬的寂寞和孤独；努力做好自己，就是要用不渝的信念去照亮辉煌的人生。

8.在寂寞中享受生活

恪守平静的心境，灵魂便在孤独中净洁。

许多人常常有这样的感觉，即使身处闹市，也只能是用眼睛去领略来来往往的过客，这个或者那个，而感受不到来自对方心灵的任何气息；即使与人觥筹交错，对酒当歌，也触动不了彼此心中深埋着的情感，感觉不到对方对自己的影响，或者自己对对方的影响。

“孤身身处何处有净土，独立立在哪里无霜露。”莫文蔚用她几近绝望的声音撩拨着我们的灵魂，把“孤独”两个字诠释得有滋有味，仿佛孤独对于每一个人来说，都是痛苦，都是悲凉，都是内心无边无际的苦苦挣扎。然而，复旦大学的情商课老师陈果却给出了“孤独”另类的解读，她说：“孤独不等于寂寞。孤独是一种自成世界的独处，是一种完整的状态，它没有缺失的遗憾。但凡真正的禅者、冥想者都是孤独的人。而寂寞却是迫于无耐的虚无，百无聊赖，像困兽般踱来踱去，总是想要逃出无所适从的牢笼……”基于如此观点，她建议大家去换一种心境：“享受孤独”。是啊，当一个人实在无法忍受孤独的时候，那么就去换种心态，去享受孤独，享受生活。

黄明是一个很内向的人，平时不爱说话，总是喜欢独处。他觉得自己就像一根很轻很轻的羽毛，随着人潮流浪，任由不同世事充满他无主的人生，自由自在，孤独地享受着天空和白云。

一天的工作终于结束了，他回到住处，女友和同事一起出去了，留下他一个人安静地坐在窗前。习惯了晚上与女友在一起的他此时不知道一个人该干什么。拿着遥控器随意地看着电视，却没有什么可以吸引他的电视节目，翻翻很久都没有碰过的书，却没有看进去一个字。这时的夜，已经渐渐深了，在静静的夜里，他思考着一些问题……

为什么工作之后就丧失了曾有的那份上进心？仔细想想，工作5年以来，在事业上的确没有取得什么较大的成就，一直守着一份简单的工作，不敢放弃，怕离开这里就无法生活。但是却让时间在一个个平淡的日子中溜走，让自己也失去了许多实现自身价值的机会。

他又想到，他以前的很多同学现在都已经成就了一番事业，有的都有了自己的公司，有的有了较高职位，而他自己还是老样子。想看看书，却又没有目标，不知道看什么书。偶尔用QQ同家人聊天，在亲情中体会温暖，这样的时间总能让自己感到幸福。如此的生活看似很悠闲，但失去了上进心，怎么去超越自己呢？怎么去实现自己的人生价值呢？

夜，真静，又一阵孤独感袭来，他觉得应该写点什么。毕竟自己也是一路奋斗过来的，也该留下点美好的东西来慢慢回味。记得曾有人说过：什么能够证明你的年龄？那就是记忆。只有记忆才能把一个人丰富多彩的人生再次呈现。一个人如果没有记忆，那么他就没有值得回忆的过去。而文字就是记忆的载体，留存在心中的记忆会随着人的消失而消失，文字却把它们清晰地呈现出来，分享给每一个人。他在孤独寂寞中，渐渐体会到写出自己的记忆和感受的必要，这样也好让自己的生命消耗得有点价值。

于是，他坐在窗前，打开精致的笔记本鼓励自己在孤独的时候去充分享受独处的乐趣。回想过去，美好的记忆再一次从心中浮现，把这些记忆以文字的形式表现出来，给大家分享。今夜，他充分享受到了孤独的美好。

孤独是一种宁静，一种升华，一种魄力。享受孤独是一种感受，而怎样去对待孤独则是一种境界。孤独来临时，不要恐惧，试着细细地去品味、去享受它，让自己在孤独中静静地思考生活中的得失对错，这何尝不是一件好事情呢？学会享受孤独，才能更好地发现生活中的美，才能更好地享受生活。

余晓是某公司的职员，在大都市中过着单身生活。平时很多的独处时光，都被繁忙的生活和工作给打发掉了。可这一段时间，因为在家静养经常面对一个人的世界，而寂静的环境总是特别容易让人产生孤独之感。刚开始的时候，她有些烦躁，有些伤感，不愿独自面对这一切，因为这会让她在纷乱的思绪中焦躁不安，无法入眠。有时候甚至会不自觉地潸然泪下，也一下子很难适应这样的生活。也许已经习惯了平时的忙碌，习惯了原来的生活节奏，猛然放慢速度，她有些不知所措。

早上醒来后，她盯着天花板看了一会儿，再看看自己的房间，突然想到自己已经很长时间没有彻底清理过房子了，干脆趁今天在家休息，将家“修饰”一番。

说干就干，她开始洗衣服、拆被套、换床单、扫地、清理垃圾、拖地……当她看到原来凌乱不堪的房间变得干干净净时，发觉自己的天地也随之焕然一新。看着整洁的一切，嗅嗅刚换上的床单、被套，那种甜丝丝的味道，她一下觉得舒心了许多。品味着自己在孤独中“打造”的一片清新天地，觉得身体也好了许多。就这样，她站在屋子中央傻乎乎地笑了，她猛然发现：孤独之中的生活也是如此地美好！

晚上盖上晒过的被子，上面弥漫着一股阳光的味道，暖暖的，包围着她的每一寸肌肤。就这样，以后静养的那些孤独日子里，她再也不会不知所措，而是用着自己的方式一点点地品味着那美好的孤独生活。

在孤独之中，要试着调整自己的心态，重新审视生活、认识生活；在孤独之中，你也可以放慢生活的速度，从容地享受生活。调整好心态之后，你可以试着安排一个人的生活，可以静静地入睡，使身体得以缓解和充分的休息。在休息之余，你也可以选择一些喜欢的书来填充自己的大脑；也可以上网搜集一些自己喜欢的歌曲，让美妙的旋律在寂静的空间里陪伴自己；或是写一些自己的心灵感悟，让自己的心灵获得最大的自由。这样的生活何尝不是一种享受呢？

在孤独之中，你拥有可以自由支配的时间和空间，平淡的日子在享受生活的心态中也会变得熠熠生辉。这时你会发觉，放慢脚步原来是如此的美好！于是，寂寞不再，孤独也不再。来吧，让我们驻足生活中的点滴，简单、忘我地生活，去找到一片属于自己的天空。

第七辑

不困厄：于困苦中，别有洞天

世上没有永恒的侥幸，也没有永恒的不幸，面对生活的艰辛困苦，在内心注一汪清泉，幸福快乐时多一些缅怀，窘迫失意时多一些憧憬，心灵便如春雨洗涤后一般湿润。面对不幸与困苦，不要挂怀，而要懂得遗忘。

1.走出挫折的沼泽地

给自己征服一切困难的力量。

人生免不了挫折和失败，年轻时受一点苦或者受一点挫折，都没有关系，因为这只会让我们多一点阅历，长一点见识，并因此而坚强起来。要知道，生命只有经历过挫折，才能绽放出绚丽无比的彩虹。

痛苦、失败和挫折是人生必须经历的。受挫一次，对生活的理解加深一层；失误一次，对人生的领悟便增添一级。从这个意义上说：想获得成功和幸福，想过得快乐和充实，首先就得真正领悟失败、挫折和痛苦的意义。

在生活中，挫折是不可避免的，但是只要我们正确地看待挫折，敢于面对挫折，在挫折面前无所畏惧，克服自身的缺点，在困难面前不低头，那么顽强的精神力量就可以征服一切。挫折不会让你失去什么，只会让你更强大。

富兰克林·罗斯福毕业于哈佛大学，不久之后，他便开始了政治生涯。1909年，罗斯福参加纽约州参议员竞选并成功获胜。1912年，罗斯福积极为威尔逊获得民主党总统候选人的提名和竞选总统出力奔走。由此开始，罗斯福的仕途之路一路平坦。

威尔逊当选总统后，便任命罗斯福为海军助理部长。1914年7月，第一次世界大战爆发，罗斯福请假三周与民主党党阀支持的詹姆斯·杰拉尔德竞争联邦参议员职位，结果党内提名遭到失败。1917年，美国对德宣战，宣布站在协约国一方参加第一次世界大战。为了增加实战经验，作为海军助理部长的罗斯福于1918年赴欧洲战场考察，目睹战争给人民造成的生命和财产的损失，这次考察给他留下了终生难忘的印象。1920年，在总统选举中，他被任命为民主党副总统候选人，结果被共和党候选人柯立芝击败；同年，罗斯福决定回到纽约重操律师旧业，暂时退出了政坛，准备积蓄力量，以东山再起。

可是天有不测风云，就在这个时候，一场意外降临到了罗斯福的头上。1921年8月10日，罗斯福不幸患上了小儿麻痹症，一场严峻的考验摆在了39岁的罗斯福面前，对他来说，这比生死的考验更为残酷，也更叫人难以忍受。

一开始，罗斯福竭力相信病情能够好转，但实际情况却在不断恶化，一直到他的两条腿完全麻痹，并且瘫痪的症状向上身蔓延时，他终于认识到，恢复的希望已经彻底破灭了。接着，罗斯福出现了更为严重的症状，他的脖子开始僵直，双臂也失去了知觉，最后连膀胱也暂时失去了控制。他的背部和腿疼痛难忍，好像疼痛放射到全身，肌肉像剥去皮肤暴露在外的神经，稍一触动，就难以忍受。

当然，与精神上的摧残比起来，这些肉体上的折磨根本不算什么。试想一个有着伟大理想和光辉前程的人，竟一下子变成了一个卧床不起、事事需要别人照料的残疾人，他所承受的痛苦可想而知。

罗斯福几乎绝望了，以为“上帝把他抛弃了”。但罗斯福不愧为一代伟人，在身体状况最不堪的时候，他还可以理智地控制自己，以平时那种轻松活泼的态度和妻子开玩笑。他不希望把自己的痛苦、忧愁传染给妻子和孩子们。

罗斯福告诉自己：“我不相信这种娃娃病能够整倒一个堂堂男子汉，我一定要战胜它！”为了转移自己的注意力，罗斯福学会了拼命地思考问题，他不断地回想自己所走过的那些路，逐步地进行反思；他回想起那些曾经接触过的政治家，判断谁是可以学习的对象，谁是卑劣的骗子；他还想到人民，想到那次考察，想到那些饥寒交迫的社会下层人。

在想这些问题的时候，罗斯福甚至忘记了自己是个卧床不起的残疾人。“至少我的头脑还没有瘫痪！”罗斯福对此感到十分庆幸。从那时起，他开始看书、学习、总结经验，他比较系统地阅读了大量有关美国历史、政治的书籍，阅读了许多世界名人传记及大量的医学书籍，几乎有关小儿麻痹的书籍，他都看了，并且和医生们进行了详细的讨论。到了后来，罗斯福简直成了这方面的权威。

这样的不幸可以压垮一个人，也可以造就一个人，关键就在于处于苦难中的人如何面对他所面临和忍受着的苦难。罗斯福面对病痛一直是乐观和理智的，虽然这并不能减轻他所遭受的苦痛，但乐观的态度让他变得更加生机勃勃，他甚至相信当这场病痛过去之后，他可以重返政治舞台。

他明白要想抵抗病情，就必须进行艰苦的锻炼。为了使两腿伸直，他不得不打上石膏，然后像在中世纪的酷刑架上一样，把两腿关节处的楔子打进去一点，以使肌腱放松些。他就是这样每天坚持着锻炼，勇气给了他力量，不久之后他就出现了病情好转的迹象。最后，他的手臂和背部的肌肉逐渐强壮起来，最后竟能坐起来了。

为了重新走路，罗斯福叫人在草坪上架起了两根横杠，一条高些，一条低些。每天，他接连几个小时不停地在这两条杠子中间挪动身体。他给自己定的第一个目标就是能走到离这里1.4英里远的邮政街。他还让人在床正上方的天花板上安装了两个吊环，靠这两个吊环坚持锻炼。到第二年开春，他已经日见好转，甚至能够走到楼下在地板上逗孩子们玩，或者坐在沙发上接见客人了。

1922年2月，医生第一次给罗斯福安上了用皮革和钢制成的架子，这副架子他以后一直戴着。架子每个重7磅，从臂部一直到脚腕。架子在膝部固定住，这样，他的两腿就像两根木棍一样。借助于这架子和拐棍，罗斯福不仅可以凭身体和手臂的运动来“走路”，而且还能站立起来讲话了。但做到这一步也不容易，开始时经常摔倒，夹着拐棍的两臂也经常累得发疼，尽管如此，他仍然以顽强的毅力和乐观的态度坚持锻炼。

经过艰苦的锻炼，罗斯福的体力增强了。1922年秋天，他重新回到病前任职的信托储蓄公司工作。开始，他每周工作2天，又慢慢增加到3天，最后每周4天。他的日程排得很满，每天早晨8点半在床上会见他的顾问路易斯·豪和其他来访者，这样他就开始了一天的工作。工作完回到家后，他会活动一下身体，然后又开始接见来访者。不久之后，罗斯福的名字重新打响了。

当他再一次出现在公众视线中时，他给人的印象是一个完完全全的健康人。同时，他面对病痛所表现出来的超人的勇气和乐观的态度，以及那种生机勃勃的自信，都赢得了别人更多的尊敬和信任。

1933年又是总统选举年。民主党由于上届总统选举失败，所以迫切需要罗斯福出来竞选，重振士气。罗斯福表示：“在甩掉丁字形拐杖走路以前我不想竞选。”但他决定出席民主党全国代表大会，以发出他本人重新返回政界的信息。在儿子的协助下，他拄着拐杖走上讲台，这时全场响起雷鸣般的掌声。罗斯福巧妙地控制着讲演的节奏，完全把听众吸引住了。他呼吁大家团结起来，这时听众全都起立。他充满激情地号召大家：“要牢记亚伯拉罕·林肯的话：‘对任何人都不怀恶意，对所有的人都充满友善。’”

虽然长时间地演讲让他带着架子的双腿麻木了，而他撑在桌子上的双手也不停地痉挛，但他全然不顾，因为台下除了他那浑厚有力的声音外，他还感到人们对他所表示出的一种少有的敬意。

罗斯福最终赢得了这次选举，他的胜利在于他那非凡的毅力和超人的意志。苦难并没有使他绝望，相反，他坚强地“站”了起来，“走”了出来，并最终得到了民众的一致认可。

如果说挫折是一座大山，想要欣赏山另一面的风景就要爬过它；如果说挫折是一片沙漠，想要见到绿洲，就得走出它；如果说挫折是一道海峡，想要登上陆地，就要越过它。

既然挫折和不幸是人生的必经阶段，我们就只有鼓足勇气去面对它、挑战它，只有经受过苦难的人，才能知艰辛、知苦痛、知冷暖、知足满足、知福惜福。只有经受过苦难的人，才能懂得生命的可贵、懂得人生的可贵、懂得自由的可贵，从而才能知发愤、知苦斗，才能兢兢业业为世界创造出丰富的物质和精神。

2.不因不幸而怨叹

即使不幸，也要跋山涉水，一路向前。

古语有云：“天将降大任于斯人也，必先苦其心志，劳其筋骨，饿其体肤，空乏其身……”生活的确很累，人生的确有太多不幸，但如果我们只能看到生活中的不幸，并因此委靡不振、摇摇欲坠的话，又怎么能够走出一条康庄大道呢？

其实，命运不在别人那里，它就掌握在你手里，路就在脚下，是走出来的，只要往前看，自然会走出一条属于自己的美丽征程。没有什么可以打倒你，只要学会往前看，你的不幸就将统统抛到脑后。

海伦·凯勒在《假如给我三天光明》中讲述了自己的苦难人生。在她出生后不久，一场疾病使她失去了听力和视力，但海伦·凯勒没有在命运面前折腰，也不自暴自弃，她接受了命运的挑战。对于一个又聋又盲又哑的人来说，她的世界是毫无生机可言的，但是她有不言败的精神。她深深地了解到一个事实：作为一个残疾人，如果想达到自己的目的，就需要付出多于常人数倍的努力。于是她开始慢慢地，一步步地摸索，她相信，总有一天，她会战胜自己，战胜生活。

与沙莉文老师的相遇，是海伦·凯勒一生的幸运，对于一个聋哑孩子来说，这就是给她向前看的勇气和希望。从那以后，海伦终日与沙莉文老师相伴，通过莎莉文老师，海伦了解到与这个世界沟通的方法。在沙莉文老师的耐心教导下，海伦培养出了犀利的心智、独立的见解、高尚的情操、乐观坦诚的心胸和对人的关心同情。那之后，海伦觉得自己的生命焕发出无比灿烂的光辉。

就是这样一个幽闭在聋哑世界的人，竟然通过自己的坚强意志，毕业于哈佛大学拉德吉利夫学院，并用生命的全部力量到处奔走，建起了一家家慈善机构，为残疾人造福。海伦·凯勒被美国《时代周刊》评选为20世纪美国十大英雄偶像。

当被问道是如何创造这一奇迹时，海伦露出了从容的笑容，她说自己并不认为这是奇迹，她只不过像正常人一样学习，如果说是什么支撑着她，那就是一颗向前看的心。海伦·凯勒屹立在生命的巅峰，用爱心去拥抱世界，以惊人的毅力面对不幸，终于在黑暗中找到了光明，最后又把慈爱的双手伸向全世界。

与海伦相比，我们大多数人都是幸福的。当然，在我们的人生道路上，偶尔会出现阴霾，但只要向前看，前方还是有许多的风和日丽、杨柳依依。世界上没有永远阴郁的天空，没有永远沉寂的溪流，没有永远干涸的土地，没有不可复原的伤口，更没有永远灰暗的人生。向前看，一切的不幸都将抛在脑后，而那些躲在风雨之后的彩虹也将更加亮丽多情。

就像海伦·凯勒，虽然看起来是个生活的不幸儿，处处不顺，但实际上并非如此，她将自己的不幸抛在了脑后，以顽强的毅力奋力向前。那种在苦难面前屹立不倒的姿势，俨然就是个胜利者。她用自己的努力证明了只有以“向前看”的姿势对待不幸的人生，才能使不幸变为幸运！

挫折也好、不幸也好、磨难也罢，不过是生活刻在我们生命上的标记，有了这些标记就足以证明我们已经通过了生活的考验；同时也让我们拥有更加深刻的阅历，使我们对生活的理解加深一层，对人生的感悟增添一阶，对事物的认识成熟一级。从这个意义上说，想获得幸福人生，就应该先把生活中的失败、困苦、挫折看开、看透。

1975年，33岁的拳王阿里正在面对他拳击之路上的最后一个比赛，在此之前，他已经有四年的时间没有参加过比赛了。当比赛到了第14回合时，阿里已经筋疲力尽，他随时都有倒下的可能，几乎没有力气再迎战第15回合了，但是阿里并没有倒下，他知道对方也累了。

阿里知道，比赛到了这个时候，说是比力气不如说是在比毅力，现在如果在精神上压倒对方那就有可能胜出。于是，他双目如电，炯炯有神，这让对手不寒而栗，以为阿里仍存有体力，阿里从对手的眼神中发现了这一微妙的变化，于是更加顽强地坚持着。最后阿里果然胜利了，但是胜利后的阿里刚走到台中央就无力地倒下了，对方见此情景，不由得从心里钦佩阿里在比赛中坚持“不倒下”的毅力。

“不倒下”其实很简单，不倒下才有可能看到前方，这不过是一种最平实、最自然的信心，它不需要有过人的智慧，也不奢望有人会扶持你。只是在不顺心、不如意、面对不幸时向前看，不倒下的精神会让我们从心灵深处产生一种强大的力量，将灵魂高高托起，笑看浮世风云。

活着就意味着艰辛。生命因苦难而存在，并在同无休止的困难的斗争中才得以不断强大。不幸和苦难都是人生旅途中一道别样的风景，是走向成功的动力。

只有向前看，那些所谓的不幸才会被抛到脑后；只有不倒下，意志才会变成我们战胜苦难的有力武器；只有向前看，我们才能有勇气活下去。不管怎样，活着就会有希望，才会迎来明天。

3.苦难成就美好

用勇气趋赶苦难，用理智战胜苦难，阴云终会散尽，雷雨终会停息。

俄国作家列夫·托尔斯泰说：“人生不是一种享乐，而是一桩十分沉重的工作。”月有阴晴圆缺，人有旦夕祸福。人生在世，不是一帆风顺的，总会遇到各种各样的苦难和不幸。要想摆脱不幸，逃避不是办法，关键是要面对和战胜它。

然而苦难当头，有的人只会自怨自艾，意志消沉，从此一蹶不振；有的人则不屈不挠，始终与苦难作斗争，因为他们是生活的强者。

强者视不幸为垫脚石，视它为一笔财富；弱者视苦难为绊脚石，最终被它压垮。其实，不幸是财富更是人生的沃土，是磨炼我们意志的试金石。不经三九酷寒，哪来傲雪梅香？司马迁如果没有突来横祸，遭受宫刑的不幸，又怎么能写出举世不朽的《史记》呢？没有曹雪芹贫困潦倒的磨难，哪里会有《红楼梦》的诞生。苦难从古至今都是人生的一笔宝贵财富，勇者在苦难面前永远都不会低下高贵的头。

一个叫米歇尔的美国青年，在一次偶然的车祸中，全身大面积烧伤，面目恐怖，手脚变成了不可分辨的肉球。等他从这场噩梦中醒来时，面对镜子中难以辨认的自己，内心极度痛苦，竟吓得晕倒过去。然而，米歇尔并没有就此沉沦，他勇敢地对自己说："想要摆脱不幸，就要想办法战胜不幸！"

米歇尔很快从痛苦中解脱出来，身残志坚的他几经努力，白手起家，终于变成了一位百万富翁。米歇尔并没有因为这些许成功而感到满足，他还要用肉球似的双手去学习驾驶飞机。结果，飞机突然发生故障，他从高空摔了下来。当人们找到他时，发现他的脊椎已是粉碎性骨折，将面临终身瘫痪的现实。

家人、朋友都为他的不幸命运感到悲伤，但他却说："这是无法逃避的现实，我必须乐观地接受。我的身体虽然不能行动了，但我的大脑依旧是健全的，我还有一张嘴可以帮助别人。"这样的他，躺在医院的病房里，用自己的智慧和幽默去鼓励病友战胜疾病。他成了医院的奇迹，几乎走在哪里，笑声就在哪里荡漾。

在他病重之时，一位天使来到了他的身边，她就是护士学院毕业的金发女郎。当米歇尔第一眼看到她时，就断定自己找到了梦中情人。他将自己的想法告诉了家人和朋友，大家都劝他："这是不可能的，万一人家拒绝，那你多难堪啊！"可他却说："不，你们错了，万一成功怎么办？万一她答应了怎么办？"

米歇尔不相信不幸总是降临在自己身上，于是决定孤注一掷，抓住哪怕只有万分之一的可能，勇敢地向那位金发女郎示爱。两年之后，那位金发女郎嫁给了他。

米歇尔的坚韧不拔和挑战不幸命运的勇气，使他成为美国人心目中真正的英雄。他最终成为一位国会议员，并坐在轮椅上演讲和主持公务。米歇尔虽然起初被不幸包围，但是最终，他还是战胜了不幸，摆脱了不幸，并赢得了成功。

人生就是一场没有硝烟的战役。当你身处战场、兵临城下时，后退，无疑只能做逃兵或俘虏，其后果大抵如此。不妨来点破釜沉舟的气概，就算是四面楚歌、危机重重，也要冷静地在最短的时间内将作战局势分析清楚，尽最大的可能把问题解决掉，就算不一定能赢，但是有此一搏，也定会有所收获，至少还能证明，我们并不是拿人生的不幸无所适从。

因此，当人生的路程中不小心邂逅不幸时，一定要摆出一个“战胜”的姿势，先让自己从心灵里强大起来。因为要想摆脱不幸，就只能去战胜它、克服它，把它变成不幸中的大幸。

“经营之神”松下幸之助从不向命运低头。9岁时，天降大祸，他的家境由此变得贫困，年幼的他不得不辍学，外出赚取生活费。他要远赴大阪谋职，母亲含着泪为他准备好行囊，并送他到车站。临行前，母亲饮泣向同行的人诚恳地拜托：“这个孩子要单独去大阪，请各位在旅途中多多关照。”当时，母亲悲凄和不舍的背影给他留下了深刻的印象。

松下幸之助来到大阪后，到一家船场火盆店当学徒，从此开始了艰苦的谋生。小小年纪，远离亲人，在那个陌生的世界里他感到孤单无助，几乎丧失了生活的信心。

有一次，店主叫住他，递给他一枚五钱的铜币，说这是薪水。松下幸之助吃惊极了，他从来没有见过五钱的白铜货币，这对穷人家的孩子来说，是一个相当可观的数目。从那时起，小小的报酬激起了他工作的热情，正是那枚钱币让他认识到自己是可以摆脱不幸的，只要肯努力。

靠着不可思议的欲望的支持，松下幸之助变得更加坚强。他不辞辛苦地打杂，磨火盆，有时一双手被磨得皮破血流，连提水打扫的活儿都干不了，但他仍旧咬牙挺了下来。靠着这样的努力，松下幸之助重新掌握了自己的命运，开创了自己的一番事业。

上天永远是公平的，他在把不幸撒向人间的同时，往往准备好了同等的回报。当不幸不期而至时，我们要视苦难为财富、为机遇，向它宣战。当你成功地征服它之后，就能得到上天的回报，从而摆脱不幸，真切地感受到生活的甘甜和价值。

因此，要有足够的心理准备，学着用乐观、向上的心态去战胜失败和挫折，将不幸统统踩在脚下，不给它一丝喘息的机会。唯有在生活中积累经验、提高自己的抗挫能力，才能摆脱不幸，从人生的低谷中走出来。

4.面对不如意，一笑而过

假如生活欺骗了你，不要悲伤，不要心急。

俄国诗人普希金说过："假如生活欺骗了你，不要悲伤，不要心急，忧郁的日子里需要镇静，相信吧，快乐的日子将会来临。"每个人来到这个世界上，都有太多的不如意，也许我们不够漂亮，也许我们不够健康，也许我们不够富有，也许我们的日子很苦很累，但至少我们还有生命。

生命对每个人来说都是平等的，只有一次，那么该如何把握生活、享受生命呢？就用微笑来面对吧！有微笑就能苦中作乐，这样即使在寒冷的冬天也会感到生活的温暖，漆黑的午夜你也能看到希望的曙光。用微笑来面对生活，用微笑来面对每个人、每件事，你就会看到阳光灿烂，迎接你的必定是一路的鸟语花香。

有个名叫艾莉的小女孩长得有点丑，其实问题并不是因为她的五官长得不好看，而是搭配有点偏离正常比例。艾莉为此十分自卑，时常在心里抱怨上天的不公，自己的不幸，因此从来没见她露出过笑容。

艾莉逐渐长大，这种自卑感越来越强，母亲看在眼里疼在心里。一天，为了帮助女儿摆脱心理困境，她把女儿拉到照相馆，一定要为女儿拍一组照片。照相馆中，母亲的要求很奇怪，她让女儿在拍照片时保持微笑，但不是让照相师拍她的整张脸，而是逐一对眼睛、鼻子、耳朵、嘴巴等五官单独拍特写。帮女儿拍完照片后，她又拿出美国著名女星玛丽莲·梦露的头像，让照相师翻拍，同样要求照相师把五官一一分开。

几天后，等照片冲洗出来，母亲就把女儿的五官照片和著名女星玛丽莲·梦露的五官照片一一对照贴到女儿卧房的墙上。

母亲拉过女儿，让她看着那些被分割的照片，并对她说：“和世界上最著名的美女比较一下，你哪个地方比她差呢?”女儿迷惑地看了看母亲，将信将疑。后来，她把自己的这些照片指给那些闺中密友看。密友在不知名的情况下，有的说她的眼睛比梦露的眼睛迷人，有的说她的嘴巴更性感。渐渐地，她相信了母亲的话，真觉得自己并不比玛丽莲·梦露丑了，于是，她慢慢地开始微笑着对待别人、对待自己、对待生活，自信也随之而来，更不觉得不幸了。

这个世界没有完美的人，每个人都存在这样那样的缺陷，当你换个角度来看时，这个缺陷并不致命，甚至完全可以忽略不计。从生理上来说，世上很难找到十全十美之人。人有生理缺陷当然遗憾，但它既已存在，我们就该泰然处之，微笑待之。

其实，上天关上一扇门的同时，总会为你打开另一扇窗子。我们不必为自己的平庸和丑陋感到自卑，只要善于发现，完全可以从这些自认为丑陋的缺陷中找到有价值的一面。只要我们能以一种平和乐观的心态来对待人生，笑对人生，自己所有的缺陷看起来都是不足为道的。

人生亦当如此。人生不无遗憾，当我们与不幸不期而遇时，就要既来之则安之，泰然处之，微笑以待。

人活着就是需要一种“笑面人生”的心态，微笑着面对纷繁的世俗，做到宠辱不惊，正视自己生存空间里很多的尴尬与不幸。当你把自己生命中一切遭遇都看作是或圆满或凄美的风景，用一种看风景的心情来笑看人生旅途时，一切都会归于淡然和美好。

诗人说：“笑是午夜的玫瑰，是人类的春天。”的确，笑在玫瑰般的优雅中挥洒青春的博大与宽容。笑，是人类最生动的表情。“度尽劫波兄弟在，相逢一笑泯恩仇”，这一笑，包含了多少沧桑和宽容；这一笑，流露出张扬的个性、自信的精神；而弥勒佛那“笑口常开，笑天下可笑之事”的胸怀则让芸芸众生佩服得五体投地。

笑就要笑出一种风格，周瑜会笑，在赤壁大战中大获全胜，因此他畅怀大笑，这种笑不免带有一种自豪和得意，因此我们敬重；曹操也会笑，他即便败走华容道犹能大笑，这一笑，无疑是一种超然的、强烈的自信，是一种藐视万难的气度，他笑出了强者的风范，因此我们除了敬重，更有一种五体投地的佩服。

现实生活中不会有太多的得意与骄傲，但我们仍然应该笑口常开，即使面临的是无尽的不幸与失意。笑会让我们保持一颗乐观的心，本着笑对人生的原则来走人生之路，这样才能笑口常开。

因此，无论成功与失败，都请抬起头，让笑容之花在脸颊灿烂开放，让所有的不幸与磨难，随着眼角的波动一笑而过。

6.快乐工作，享受生活

抱怨不如改变。

痛苦和不幸是人生中的必修课，尽管很多人试图躲避或者绕道而行，最终仍免不了要去面对。磨难的考试是公正的，不会给人留下一丝作弊的机会。能否通过这次考试，命运和他人，无法从中帮忙。当遇到痛苦和不幸的时候，完全有理由去诅咒命运的不公平，但是，在诅咒之后放弃对生活的希望和勇气，那么，一个人的人生就是不及格的。在生活这张试卷上，取得高分的人，往往是心态健朗，自珍自爱的人。困难就像一面镜子，你对它哭，它就会对你哭，你对它笑，它也不会吝啬自己的笑脸。

一位哲人说过这样一句话："自救是摆脱厄运唯一的武器。"多数人的生命历程告诉我们，每个人从事的职业不同，遇到的困境和矛盾不同，但是依靠自己与命运进行不屈的抗争，开创崭新道路的选择却是相同的。

有一位雕刻大师的经历是十分坎坷的，他前半生的经历让人难以想象又无法接受：他一生下来右腿就有残疾。在母亲去世之后，父亲为他娶了一位后母，当父亲和后母生下了自己的孩子之后，这位雕刻大师就成了无人管的孩子，只能靠自己的双手来养活自己。为了生活，他冒着生命危险来到煤矿上做了一名工人，从那时开始他对各种各样的石头产生了兴趣，于是自学雕刻。后来，发生了矿难，他的工友们都死在了井下，他却奇迹般地存活了下来，可惜的是，他的双腿已经全部残废。

他开始靠卖雕刻作品来糊口生活，当生活条件刚刚得到改善的时候，他的后母却把病入沉疴的父亲送到了他的身边。父亲的医疗费用对于清贫的他来说是一笔天文数字，后来，竟然连一间房子也租不起了，最后他只能和父亲搬到城郊外的一处空地，然后用捡回来的东西搭盖成一个窝棚……

在困难面前，他从来不抱怨，也没有意志消沉，成为雕刻家的梦想一直在激励着他前进。功夫不负有心人，在50岁那年，他终于出名了。

一位愁眉不展的年轻人来到雕刻大师跟前，他说自己不可能会成功，但忍不住要来这里想和雕刻大师学习经验。

年轻人说："我在雕刻方面只有兴趣，却没有天分，家里很穷困，无力购买雕刻工具，如今的社会竞争力太大，没有时间静下心来去钻研艺术。"

年轻人一口气说了一大堆理由，雕刻大师没有接他的话，而是突然问："你喜欢哪个季节?"

年轻人仍是一脸无奈地说："春天花朵盛开的时候，我就会花粉过敏；夏天太热，让人感到透不过气；秋天遍地荒凉，心中总有一腔愁苦；冬天漫天冰雪，冷得我根本无法忍受。"讲完之后，他迷惑地问道："我想向您学习成功的经验，您为什么要问我这些呢?"

雕刻大师反问他："你认为我是靠什么成功的?"

年轻人想了想，说："在雕刻方面，您的才华出众，和您的天分有着很大的关系吧?"

雕刻大师带年轻人来到后院的一个柜子前，取出其中的几件作品让年轻人看，那是一些大师早期的作品，这些作品都显得十分笨拙，连业余的水平也算不上。"这些作品就是我在钻研雕刻半年以后完成的作品。"雕刻大师看着一脸惊讶的年轻人说。

雕刻大师又拿出刚刚雕刻的一枝花朵对年轻人说："如果想让自己的生命

多姿多彩，那就要付出全部努力，用心雕刻生命的花朵。如果你不用心雕刻，它就永远是一块没有用的石头。

在我们的生活中，常被许多无形的铁链所束缚，我们也习惯地认为这是很自然的现象，从而挫伤了应有的勇气，扼杀了创新的能力。开始了对环境无休止的抱怨及对命运的咒骂，其实，真正拴住我们身心的，是那颗变了形的心灵，当我们能够将这些链条打开之后，就会发现成功并未离我远去，而是在灯火阑珊处静静地等待着我们的到来。

7.明天依旧美好

人生就要勇往直前。

世间的很多事情，无法做到一帆风顺，在进取的过程中总要经过一些曲折的经历。往往是在我们还没有做好心理准备的时候，不愉快的影子突然出现了。面对这些不幸，如果意志消沉、终日以泪洗面的话，你就可能永远站不起来；假如把不幸当做新的起点、一剂奔向成功的兴奋剂，那么，在困难面前就会做到心静如水。没有懦弱，人也会变得更加坚强，成功也会越来越近。如果消极躲避，就会被悲观的藤蔓缠绕，与失败的距离也会越来越近。

任何的事情都不可能一蹴而就。法拉第告诉我们说：“拼命争取成功，但是不要期望一定会成功。”生活中充满了很多变数，这些变数当中并不只意味着是坏的一面，如果保持一个乐观冷静的心态，就会发现一切的不利只是表面的现象。消极因素固然存在，但是我们不在消极中迷失方向，而是坚定地相信明天一切都会好起来的，明天的太阳依旧是灿烂无比，那么就会摆脱失败的困扰，转身投入到欢乐的人群当中去，更不会锱铢必较地去计算今天是得大于失还是失大于得。

生命是美丽的，也是短暂的，我们应该在有限的生命当中活出无限的精彩。每天的点滴经历，是组成生活的元素，也是演奏出生命交响曲的音符。当你积极地去弹奏时，就会陶醉在如歌般的生命当中。面对自然环境，珍惜生命的人会珍惜生命赐予的点滴，发挥自身的潜能，寻找成功的切入点，积极地为明天做准备。

维莱瑞·史璜生活在明尼苏达州的一个小镇里。她在高中的时候在当地的戏剧团里就已经小有名气。面对着这些成就，她决定要在演艺界中开创一片自己的天空。她在当地的大学读了两年书，为了能够让自己拥有一个更高更大的舞台，他决定到纽约的美国演艺学院就读。

在演艺学院里，她的同学有着比她更高的天分，尽管维莱瑞·史璜的学习比较努力，但在竞争中总是处于劣势。当她想起以前小镇上的辉煌时，总觉得那已经不是荣誉，而是变成了一种耻辱。后来，她在回忆这一段生活的时候说："我过去算是长得还不错，又有一些天分和经验。但是和其他年轻人相比，我并不是个演艺界的好苗子。我烦恼了好几个星期，晚上睡不好，在学院的表现就更糟糕。最后，就在几个月以前，我退学了。我不敢告诉父母，但是我认为自己既然不上学了，就不能接受他们寄来的钱，因此开始找工作，但是我能做什么呢？我没有一技之长可转行去坐办公室或做其他任何工作，因为我过去的一切梦想和计划，都是以演艺为终身职业。"

在经历几次挫折之后，维莱瑞·史璜几乎对生活感到失望了。正当她准备偃旗息鼓回到家乡小镇上的时候，一位就业辅导单位的女士注意到了她，对她说："你眼前的困难和挫折都是暂时的，你是一个很有天分的女孩，只是被眼前的假象给迷惑了。静下心来，好好审视一下自己，看看你的长处到底在哪里，加强你的优点，消除缺点，你就一定能够获得成功的。"维莱瑞·史璜思考了几天之后，发现自己有着很强的交际能力，也有着超常的智慧——至少在学校读书的时候成绩不错，她就开始了加强优点的准备，为明天做出了一个可行的计划。她回到学校继续学业，取得了教师资格证书。在学校里为了挣够学费和生活费，她开始重新学习打字，后来做了一份接待员的工作。她的生活发生了巨大的改变，心情也好了很多。

我们经常讲："忘记过去，从今天开始。"忘却那些让你无法释怀的痛苦，铲除奋斗的障碍，就能够保持一个健康向上的心态，满怀希望地拥抱明天，等待你的，必将是灿烂迷人的阳光和硕果累累的收获。

8.在黑夜里寻找光明

你可以转身，但不必回头！

有一句网络语言这样说："人生下来的时候都是正版的，但在几十年之后不少人变成了盗版。"人生的无常就在于，它不像一个施工图那样能够严格地按照事先的规划去建设，而是会遇到许多不愿意见到但是又无法躲避的低谷、失落和痛苦。面对悲哀、痛苦和低落的阴影，坚强乐观的人能够继续保持强大的进取心，而悲哀的人，就会无限地放大痛苦和磨难，从而垂头丧气，一蹶不振。

事物是不断向前发展的，人生的历程也就是一个不断超越自己的过程。过去无论是叱咤风云还是不堪回首，随着时间的流逝都将越走越远，脚下依然是一条崭新的道路。沉溺于昨天的伤痛之中，只会给那双整装待发的双腿拴上沉重的枷锁，给不堪重负的肩膀增加一副重担，本来可以心情舒畅的新征程就会成为昨天失败的复制品，恶性的循环会更深程度地摧残我们的身心。每个人都不想让挫折和失败一直困扰着自己，那么，我们何必为了昨天的失去来干扰今天的心情呢？只有忘却过去的坎坷，所有的磨难才能拥有其本身所固有的价值，把绊脚石变成垫脚石，支撑起人生的高度。

陈安之是全球著名的励志大师。在他十几岁的时候，就漂洋过海来到美国开始各种工作的尝试。由于环境的陌生和社会阅历的单薄，经常遇到被老板炒鱿鱼的情形。但是，他并没有丧失应有的信心和梦想。每天早晨出门时，都要进行自我的拷问："陈安之，难道你甘心做一个卖刀的业务员吗？"回答说："绝不！"

一次偶然的机会，陈安之遇到了他的老师安东尼·罗宾，在老师的教育指导下，他的人生从此发生了改变。

安东尼在1000多人的研讨会中讲述自己的奋斗过程：22岁的时候他还是一无所有的穷小子，后来了解了一种"神经语言"的课题，自己的命运得到了改变。仅仅一年的时间，他就拥有了豪华的汽车和直升飞机。

安东尼告诉他的学生说："这个世界上没有失败，只有暂时的停止成功。""过去不等于未来"。他的每一句话都给陈安之的心里注射了希望的兴奋剂。从此之后，陈安之多次参加研究课程，在1989年，他和70名优秀的成员竞争讲师的职务。

在上交履历之后的很长一段时间里，陈安之一直没有得到回音。于是，他就自己寻找机会来到了总经理的办公室。那位总经理态度十分的傲慢，见到陈安之就搪塞地说："你和别人一样，等明天上午的通知好吧？"陈安之并没有放弃，而是说："当我把履历递交到您手里的时候。我就下决心一定要得到这一份工作了，我相信自己完全能够胜任这份工作，为了减少您的麻烦，您还是现在就录取我吧！"

然而，总经理依然是摇头，坚持要陈安之等待明天的答复。陈安之就立刻询问他公司里最佳的销售业绩，保证自己能够成为最好的推广讲师，用雄厚强大的实力在总经理的面前推销着自己，最后终于征服了这位高高在上的总经理，爽快地答应让他来公司上班。短短几个月之后，陈安之毫无悬念地成为了公司最棒的销售人员，同时也实现了人生的梦想。

生活的历程不会是一马平川，难免会遇到绊脚石和拦路虎，往往在这些绊脚石和拦路虎的背后潜伏着巨大的机遇，只有智者的慧眼才能够寻找出它的存在。"福祸相依"是我们古老的哲学，辩证地看待困难又是我们上中学时常见的基本知识，在遇到困难的时候，难道我们连这种简单的道理也要忘记了么?

现实生活中，有些人做了错事，事后醒悟过来时，常常自我埋怨、自我谴责，以至心情十分痛苦、内疚和懊恼。这种情绪活动就是人们通常所说的悔恨。其实，在漫长的人生道路上，人们都会因为这样或那样的过失而产生某种悔恨的心情。对大多数人来说这种不良情绪很快就会消失，不至于影响身心健康，但也有少数人陷入悔恨的泥潭中不能自拔，甚至失去了走向未来生活的信心。因此，要学会控制这种情绪，不能让它妨碍我们的身心健康及对美好明天的追求。

台湾作家刘墉在他的一篇作品中说："我们可以转身，但是不必回头，即使有一天，发现自己错了，也应该转身，大步朝着对的方向去，而不是一直回头埋怨自己错了。人生路，不回头。"用今天的眼光与标准来评判昨天的事物，就会发现其中的诸多问题，有些遗憾可能还有机会去补救，但还有许许多多的

遗憾则永无机会去弥补了。如果把自己的心浸泡在对旧事的后悔和遗憾中，痛苦必然会占据你的整个心灵。不要慨叹你所失去的，请珍惜你所拥有的，这值得我们用一生去谨记。

追悔过去，只能失掉现在；失掉现在，哪有未来！正如俗话所说："为误了头一班火车而懊悔不已的人，肯定还会错过下一班火车。"要想成为一个快乐成功的人，最重要的一点就是记得随手关上身后的门，学会将过去的错误、失误通通忘记，不要沉湎于懊恼、后悔之中，一直往前看。

痛苦与快乐，只要经历过，就是人生最大的财富，如果学会了去感谢曾经伤害过自己的人，你就已经学会了宽容，那么就没有什么可以阻挡你去寻找快乐的心情。如果你学不会宽容，就等于把快乐拒之门外，那么自己得到的也许只有痛苦、埋怨和报复的心理。人不必拿自己的错误折磨别人，更不要拿别人的错误折磨自己。仇恨只会加快自己的衰老，却不会把自己变得有修养，更不会获得快乐。

第八辑
不绝望：淡定取舍，静心抉择

人生就是取舍，有所放弃才有所收获，又于一舍一得间，有了新的命运轨迹。当你身处囹圄无法解脱时，试着改变自己，只有舍得改变，才能开辟人生的新天地，兴许，转机就在下一个路口等着你。

1.一舍一得是人生

你该往自己的杯子里装些什么。

一位年轻人自认为才华横溢、智慧无上。每当听谁说起某人如何如何，他就满脸的不屑。

年轻人随即来拜访当时著名的南隐禅师。老禅师听说有文士来访，便精心准备了上好的茶叶招待。

二人客套完毕后，面对面地坐了下来。年轻人首先开口，说想请教禅师一些问题。老禅师听了并没有说什么，只是指着桌上的茶杯说：“敝寺凌乱，无以成敬，老衲略备了一些茶叶，恳请先生先品一下。”说罢，老禅师便拿壶倒茶。

浅褐色的茶水渐渐浮了上来，随后，茶杯已经满了，可是南隐禅师还在继续倒着，好像根本看不见似的。

“茶杯都满了，你怎么还倒啊？”年轻人一边阻拦禅师，一边不解地问。

“因为这个茶杯正是施主你啊。”禅师答。

“我？”年轻人摇摇头表示费解。

“你的脑袋里早就装满了自己的看法和想法，装满了自己的成见，所以根本无法再将新的东西装进去。既然如此，你让我如何向你谈禅呢？还是先把那些成见和杂七杂八的想法倒掉再说吧！”南隐禅师说道。

年轻人顿时恍然大悟。

人一旦有了成见，就会固守自己的思维模式，再也听不进别人的看法，也就无法再进步。所以，要想公正看待一些事物或接受新的事物就必须舍得改变已有的思维模式。

人自从呱呱坠地开始，就如一个空杯，你会自觉或不自觉地给这只空杯装进一些东西，例如知识、经验、技能、价值观、个性、习惯等，它们融入你的思想中，逐渐构成了你的思维模式。

你往自己的空杯子里放入了什么，就决定了你将拥有怎样的思维方式，而这种思维方式又决定了你或富有或贫穷；或失败或成功；或幸福或不幸等等。于是，贫穷者有贫穷者的思维模式，富有者有富有者的思维模式；成功者有成功者的思维模式；失败者有失败者的思维模式；幸福者有幸福者的思维模式，不幸者有不幸者的思维模式……

“一千个人眼里有一千个哈姆雷特”，这正是因为一千个人有一千个思维模式。思维模式的不同，就决定了人们对事物的认识角度和取向的不同。不论我们站在哪种角度都很难说对方的观念是错的，但你有怎样的观念，必然会有相应的行为，从而带来某种结果。

那么，思维模式是一成不变的吗？当然不是，有的人之所以成功，正是因为之前一千次的失败，在经历一千次失败之后，失败者终于学会了转变思维模式，于是迎来了成功。这就是说，失败者不会永远是失败者，不幸者不会永远都是不幸者，只要他们舍得改变自己的思维模式。

在奥斯维辛集中营，一个犹太人对他儿子说：现在我们唯一的财富就是智慧，当别人说一加一等于二时，你应该想到大于二。纳粹在奥斯维辛毒死五十万人，父子俩却活了下来。

1946 年，他们来到美国，在休斯敦做铜器生意。一天，父亲问儿子：一磅铜的价格是多少？儿子答：35 美分。父亲说：对，整个得克萨斯州都知道每磅铜的价格是 35 美分，但作为犹太人的儿子，你应该说 3.5 美元，你试着把一磅铜做成门把看看。

20 年后，父亲死了，儿子独自经营铜器店，他做过铜鼓做过瑞士钟表上的簧片，做过奥运会的奖牌。他曾把一磅铜卖到 3500 美元，这时他已是麦考尔公司的董事长。

然而，真正使他扬名的，是纽约的一堆垃圾。

1974 年，美国政府为清理给自由女神像翻新扔下的废料，向社会广泛招标。好几个月过去了，没人应标。正在法国旅行的他听说后，立即飞往纽约，看过自由女神像下堆积如山的铜块螺丝和木料，未提出任何条件，当即签了字。

纽约许多运输公司对他的这一愚蠢举动暗自发笑。因为在纽约，垃圾处理规定严格，弄不好会受到环保组织的起诉。就在一些人要看这个得克萨斯人的笑话时，他开始组织工人对废料进行分类，他让人把废铜熔化，铸成小自由女神像，他把木头等加工成底座，废铅、废铝做成纽约广场的钥匙，最后，他甚至把从自由女神身上扫下的灰尘都包装起来，出售给花店。不到三个月的时间，他让这堆

废料变成了 350 万美元现金，每磅铜的价格整整翻了 1 万倍。

在犹太人的眼里，这个世界充满商机，四处是财富。在瑞士人眼中，我们无法改变原料的本质，而我们却可以提高原料的价值。很多时候，我们冥顽不灵、行事偏激、不懂得变通，结果就是再怎么努力也达不到既定的目标，要舍得放弃固执地坚持，才能改变现状。

“舍得”一词，出于明人袁了凡的《了凡四训》，而舍得的奥义则是出自佛家。佛家认为，一切习气都舍掉，智慧便到达空明的境界，整个人生也随之转化。

“舍得”的道理其实非常简单，在人生这只空杯子里，无论你装进什么，如果一切不舍，结果将会是怎样？里面的东西会变得陈旧、腐朽，最后发出阵阵恶臭。只有把旧的东西不断舍掉，不断补充新鲜事物，你的思维才会与时俱进。

但应该如何舍弃、如何填新，这就需要有所选择了。有的东西永远不能舍弃，比如梦想、信念、美德、真知等；还有一些东西永远不能填新，比如谬论、偏见、错误的观念等。

聪明人知道应该舍去什么，也知道应该填充什么，这样的人才能随时为自己的思想寻求新的模式。

一舍一得之间构成了一种新的思维模式，命运的轨迹也随之改变。因此，人生要舍得改变，舍得改变，就能获得生机；舍得改变，就能开辟一片崭新的天空。

2.成功从改变自己开始

改变是一种精明。

改变通常可以解放自己的思想束缚，使思维更加开阔，心灵更加开放。因此，常常能达到化腐朽为神奇的效果。当我们无法猜出对方的想法时，不妨站在对方的角度，用对方的思维去想问题。这样成功的换位思考，将能帮助我们做出更加准确的判断。

有人请教美国前任总统罗斯福："每次我召集下属开会，总是有许多人心不在焉，请问有什么好办法能让大家的注意力集中，专心地开会呢？"

罗斯福听了很快地回答："这并不难啊！只要撤掉记录员，告诉大家以后在会议后，再宣布由哪一位参与开会的人担任记录员。"

这个妙法让那个请教罗斯福的人眼前一亮，回去如法炮制。果然在以后开会时，每个人都精神抖擞地奋笔疾书，再也没有人交头接耳或者打瞌睡了。

变戏法之所以让看得人觉得神奇，往往就在于出其不意，敢于改变正常的思维模式，从而另辟蹊径、别出心裁。戏法其实人人会变，但有智慧的人变戏法，一定会跳出大家都这么做的思维架构，其巧妙之处就在于"别人都这么想，我偏偏不这么想！"

可口可乐与百事可乐之间的战争已经持续了百年，然而两位饮料界巨人却从来没有因为竞争变得两败俱伤，反而形成了饮料市场的双头垄断局面。

可口可乐比百事可乐先上市13年，因此，百事可乐在上市后的几十年里一直处于被动地位。到了20世纪50年代，可口可乐仍以二比一的优势领先百事可乐，然而到了20世纪80年代，双方的差距逐渐缩小，到了后来竟然发展成为势均力敌的局面。从此以后，可口可乐与百事可乐展开了激烈的厮杀。

在短兵相接、枪林弹雨的市场争夺战中，美国百事可乐的前任总裁写成了一部叫作《百事称王》的励志书，从而不断告诫自己，要懂得变通的道理，为此，他还引用了一个故事：

两个和尚外出化缘而归，因为前两天适逢大雨，所以回来的途中遇到一条涨满水的小河从中阻截。这条小河早就干涸了，因为前两天的大雨才又溢满了水，但是河水一定不深，完全可以涉水而过。

这时，一位漂亮的妇人正好走过河。她说有急事必须过河，但害怕脚上的新鞋和身上的新裙子被泥水弄脏，因此站在河边犹豫不决。

第一个和尚立刻对妇人说道："我也正要过河，不如就让小僧背施主过河吧！"年轻妇人看了看和尚有些犹豫，但实在担心自己的新装被弄脏，最后还是答应了。

于是，第一个和尚立刻背起妇人过了河，直到把她送到干燥的路面。第二个和尚这才急忙渡河跟了过来。

然后，两个和尚默不做声地走了好几里路。快到寺院的时候，第二个和尚忽然大声说："师兄啊！师父告诉我们绝不能近女色，可刚才你为何犯戒背着那个妇人过河呢？"

第一个和尚听了并没有感到吃惊和意外，只是淡淡地回答："我在好几里路前已经将那位女施主放下了，而师弟直到现在还背着她呢！"

罗杰非常喜欢这个故事，他不断告诉自己，要学习第一个和尚勇敢、变通的做事思维，而不要像第二个和尚那样，因为墨守成规把自己束缚住了。

罗杰正是看到了变通的力量，才能在与可口可乐的市场大战中转败为胜，变弱为强，最终与竞争对手形成平分市场的局面。

有道是“变则通，通则久。”思考与应变的能力是一个人的素质问题，同时也是现代社会办事能力高下的一个很重要的考察标准。

在一定情况下，舍得改变是一种精明而不是放弃，是一种灵活应变而不是退缩。改变能打开闭塞的通道，挖掘出丰富的宝藏。有时，只要我们放弃了盲目的执著，选择了理智的改变，就可以化腐朽为神奇。

成功往往隐藏在别人没有注意到的地方，假如你能改变思维发现它，抓住它，并懂得利用它，那么你就有机会获得成功。困境在智者的眼中往往意味着一个潜在的机遇，而愚蠢的人却对此无动于衷。

事实上，很多人都不舍得去改变，包括我们自己，比如人云亦云、随波逐流就往往是我们生活中的陷阱。如果大家做什么，我也做什么，就无法取得突破。我们不妨试着想一下“大家都不做什么”、“大家都没看到什么”。这样一来，在他人忽略的领域，我们就能挖掘出值得改变的亮点。

要想改变自己的人生，首先就要学会舍得改变思维，不善改变思维，就根本不可能找到成功的路径。事实上很多人都容易陷入旧有的思维逻辑模式而被经典或权威所左右，并不能自拔。于是在你的头脑中，自然就不会有新的思路和观点。

舍得改变就是要善于变通，这就要求人们不要被习惯套牢，不要受缚于传统的思维定式，而是要针对不同的情形、环境行事。这样才能化腐朽为神奇，赢得一次又一次的成功。

3.改变不了世界，改变自己

要有一种“山不过来，我过去”的心态。

人生在世，我们想得最多的就是如何去改变这个世界，从而让这个世界更好地去迎合自己。但是，其过程常常不尽如人意，最后终以失败告终。其实，既然我们无法改变世界，就不如去试着改变一下自己。当你真的舍得为迎合世界而改变自己时，就会明白，原来问题是如此简单。

在英国威斯敏斯特教堂的地下室里，英国圣公会主教的墓碑上写着这样一段话：“当我年轻自由的时候，我的想象力没有任何局限，我梦想改变这个世界。当我渐渐成熟明智的时候，我发现这个世界是不可能改变的。于是我将眼光放得短浅了一些，那我就只改变我的国家吧。但很快，我发现国家似乎也是我无法改变的。当我到了迟暮之年，抱着最后一丝希望，我决定只改变我的家庭、我亲近的人。但是，他们根本不接受改变。

直到现在，我临终之际，才突然意识到如果起初我只改变自己，接着我就可以依次改变我的家人。然后，在他们的激发和鼓励下，我也许能改变我的国家。再接下来，谁又能知道呢，也许我连整个世界都可以改变。”

世界，不会因一个人的思想，一个人的行为而改变。然而，自己的思想、思维和行为会随成长、随社会的改变而改变。若要让这个世界的人成为好人，首先要使自己成为一个好人。牛顿只是让我们认识了这个世界，但他却不可以使地心引力消失；马克思让我们认识了社会发展的必然性，但社会的发展规律却无法改变。改变世界是如此之难，不如从改变自己开始。

有一个法师，声称自己有移山之术。但周围的人没有一个肯相信的，于是这个法师就召集了好多人来观看他移山。结果，从早晨一直到傍晚，人们也没看到对面的山被移动，围观的人纷纷谴责法师骗人，然后各自离去，只有少数几个人还在他的身边，要坚持看个究竟。

这时，只见法师一边念咒语，一边向对面的山走过去，他身边的人也不由自主地跟了过去。直到法师停止了咒语，并高喊一声："请大家睁开眼。"周围的人回过神来，瞪大眼睛抬头一看，大家已经在山脚下了。

这个故事告诉我们，世界上本没有什么移山之术，唯一的移山办法就是：如果山不肯过来，那我就试着过去。

舍得改变自己，就是要舍得改变自己看待事物的态度。同样一件事，用不同的心情去对待，就会产生截然不同的结果。无论在工作还是生活中，都要舍得及时改变自己。

人经常会有这样的经验：如果你走进办公室时的心情轻松愉悦，就会很快进入工作角色，不仅工作效率高，而且质量好；反之，如果你心情低落，则工作效率低，质量差。同样的工作就因为换了一份心情，就从令人厌烦的负担，变成了充满乐趣的享受。心情改变，事情就会改变，就是这么神奇。

同样生活在这个"高压"时代，大家几乎每天都面临着相同的环境，有的人悲观厌世，因此牢骚满腹，无心做事；而另外一些人却乐观向上，因此心情愉悦，在残酷的竞争中也能游刃有余。

悲观失望的人在挫折面前，会陷入不能自拔的困境；乐观向上的人即使在

绝境之中，也能看到一线生机，并为此努力。正如诗人胡德说：“即使到了我生命的最后一天，我也要像太阳一样，总是面对着事物光明的一面。”

到处都有明媚宜人的阳光，乐观的人一路纵情歌唱，即使在乌云的笼罩之下，他们也会对未来充满期待，跳动的心一刻都不曾沮丧悲观。不管他们从事什么职业，都会觉得工作很重要、很体面。即使衣衫褴褛不堪，也无碍于他们的尊严，他们不仅自己感到快乐，也给别人带来快乐。

世界是快乐的还是悲伤的，是精彩的还是单调的，关键在于人们怎么看。既然世界的变化完全是由自己的感觉来决定的，那么，何不让自己永远保持乐观的心态呢？

一个人从呱呱坠地到白发苍苍，是谁也改变不了的事实。我们只能改变自己的心去适应每一个年龄阶段的喜怒哀乐。在人海中，为什么那个“著名”的苹果没有掉在我的头上，而是在牛顿头上呢？当我们时常这样愤愤不平或者感到壮志难酬时，不如试着放下这一想法。因为我们再也回不到地心引力未发现的时候，我们只有改变自己，让自己去认识苹果落下的原理。世界有很多不可能改变的东西，不如改变自己去适应这些。

人的能力有限，世界不因一个人而改变。因此，相对于世界，改变自己更容易。所以，我们要从改变自己开始，学着以积极的心态面对生活，才能使明天更美好！

4.舍得变通，才有出路

此路不通彼路通。

世事无绝对，宇宙万物莫不在变幻之中。穷则变，变则通，通则久。虽然说“人贵在坚持”，但在做事情的时候，方法上舍不得变通是绝对不行的。条条大路通罗马，此路不通何必非要死守，从其他的地方，也一样可以通向成功。很多人懂得这个道理，却往往因为自己付出了太多而舍不得放弃或改变，于是拒绝其他通往成功的可能性。

过于固执的人往往在生活中容易四处碰壁。当你在一件事情上付出了相当大的努力却没有收获的时候，就应该停下来认真反思一下，看是不是自己太过于固执，是不是该换一种方式进行。

人生不是一道判断题，只有“是”和“否”两个答案。我们要懂得，人生是一道多选题，不只一个答案是正确的。很多时候，我们在成功的道路上最缺乏的东西，不是坚持或执著，而是灵活的方式和创造性的思维。

美国弗吉尼亚州的一个农夫，出巨资买下了一片农场之后发现，这块地既不能种水果，也不能养猪，能够生长的只有树和响尾蛇。

农夫为此而痛悔自己的决定，但他并不打算就此放弃，于是他日思夜想，怎样才能把损失降到最低。最终他想到了一个好主意，要把这块地的价值利用起来，那些响尾蛇是关键。于是，在别人诧异的眼光中，这位农夫开始做起了响尾蛇生意。

几年后，农夫的响尾蛇生意已经做得非常大了，每年到他农场来参观的人高达几万人次。他从所养的响尾蛇上取出蛇毒，运送到各大药厂去做蛇毒的血清；把响尾蛇的皮以很高的价钱卖给厂商去做鞋和皮包；把响尾蛇的肉做成蛇肉罐头进行销售。由于他独到的眼光和天才的贡献，他所在的村子现在已经改名为响尾蛇村。

农夫花巨资却买下了一块种什么不长什么的薄地，这对一般人来说都是个不小的打击。可是农夫并没有把眼光拘泥于种地上，而是另辟蹊径，想方设法地转换方向，寻找出路，终于获得了成功。当你在投资一笔大生意上惨遭失败时，是否会觉得自己走了冤枉路而无法回头呢？当你觉得骑虎难下、无力回天时，是否会像农夫一样，肯想换个方向来为自己找条出路呢？

为了达到目标，暂时绕道走一走看起来与理想相背驰的路，其实正是智慧的表现。事实上，人生旅途中是没有几条便捷的路径可走的。我们必须把目标暂时淡化，而耐心地去做披荆斩棘、逢山开路、遇水搭桥的工作，在尝试很多条看来非常晦暗无望的道路之后，才能发现距离目标近了一点。

在遇到挫折时，不要意气用事，逞匹夫之勇，不妨运用你的智慧和耐心，多绕几条路。暂时屈就一下不利局面又何妨，就算暂时走进一片黑暗涵洞，只要你时刻知道这一切都仅仅是手段，而不是你的终极目的，你就不必灰心和难过，也用不着去关心周围的人对你的评头论足、说长道短。

法国作家勒农说：“你不要着急！我们所走的路是一条盘旋曲折的山路，要拐许多弯，兜许多圈子，时常我们觉得好似背向目标，其实，我们总是越来越接近目标。”接近目标的方法不止一个，当我们在遇到一个障碍的时候，第一反应往往是考虑怎样去克服它，却从没想过是否可以通过另一种方式去绕开它。

在一次展览会上，一个推销员正在卖力地推销公司新生产的一批不怕摔的钢化杯。当推销员对围观的顾客解说完毕后，便拿起一个杯子重重地摔在地上来给大家做示范，谁知道他偏偏拿到了一只质量不过关的杯子。杯子被推销员猛地一摔就碎了，顾客哄堂大笑，推销员先是愣了一下，但马上故作镇定，随即说道："这就是一般市面上的杯子，大家可以看到，一摔就碎了，现在来看看我们的新产品！"说着又拿起另一只杯子摔到地上，没有碎。推销员通过自己的随机应变完满地化解了这一次的尴尬，同时也保住了公司的名誉。

可见，任何方案计划都是死的，我们随时会遇到计划之外的情况。但是，我们的思维是活的，我们无法预测事情的发展动向，却可以把计划按实际情况的发展略作修改，从而发挥更大的效用。如果只死守着一种规律或是一个计划来实施，只会让我们在面对危机的时候手足无措。

比如在几何题中，两点之间无疑直线最短，然而在生活中却未必如此。因为在生活中我们要考虑的不仅仅是距离问题，还有方法问题，距离最短，到达的方式不一定最简单。如果我们在生活中只贪图距离上的远近，而忽略其他问题，反而会遇到更大的困难。

一味地向前走却舍不得变通，那么你永远不会成功，因为你总有体力不支的时候。遇到苦难，不妨变通一下，绕过眼前的障碍，这样就算不是大力士也可以轻松地走到成功的彼岸。

5.舍弃面子，虚怀若谷

山外青山楼外楼，强中自有强中手。

为了学到最好的丹青技艺，一个年轻人四处拜师学艺。然而，他非常沮丧：尽管自己遍访名师，但毫无所获。不过，他并没有放弃，继续寻求名师。

一天，他来到了一座寺院，向这里一位擅长丹青的大师请教。一见面，他就对大师发牢骚："为了能够提高丹青水平，我跋山涉水，遍访名师。但是，没有遇到一个能够让我佩服的老师。"

大师听后，笑着问他："真的如此吗？"

年轻人灰心丧气地说："林子大了，什么鸟都有。经历了这么多后，我才发现世上不乏徒有虚名的人。每次拜访，我都是慕名而去，却总是带着失望离去。虽然这些传言中的高手没有在我面前显示技艺，但我已经从他们的作品中看出了拙劣。"

大师仍然满面笑容，说道："虽然与施主初次见面，但老僧已经觉得施主并非常人，应该对丹青有很高的造诣。老僧虽然对丹青一窍不通，但还是很喜欢看高手作画的。希望施主不吝墨宝，为老僧作幅画。"年轻人欣然答应。

待小和尚端来笔墨纸砚后，大师说道："老僧还有一个不情之请。"

年轻人说："大师尽管讲。"

大师说道："老僧酷爱品茶，烦请施主画一幅倒茶图，一杯、一壶、一水即可。"

年轻人不假思索，拿起笔就画。没过多久，一幅栩栩如生的倒茶图就完成了：一股冒着热气的茶水从倾斜的茶中泄向桌上的茶杯。

大师沉默不语，年轻人赶紧问道："大师，您是不是有不满意之处？"

大师摇摇头，说："画是不错，但茶壶和茶杯的位置不对，茶杯应该高出茶壶才是。"

年轻人不解地问道："大师，您是不是糊涂了？水往低处流，如果按照您所说，那么如何倒茶呢？"

大师哈哈大笑，说道："你说得很对。其实，拜师也是如此。丹青大师如同茶壶，你如同茶杯。"

年轻人听后，恍然大悟。

生活中，有些人总会自抬身价，认为自己是人群中最出色的、最惹眼的。无论从事什么活动，他们总是有意无意地流露出唯我独尊，目中无人的态度。没有人愿意和这样的人交往，更没有人愿意把自己的知识技艺传授给这种人。就如故事中的年轻人，总是觉得众多名师不如自己，名师自然可以感觉到他的这种态度，当然不会传授他技艺。所以，他跋山涉水的结果就是徒劳无功。

我们要知道，"拜"只是虚心求知的第一步。如果在语言和行为中不知不觉流露出骄傲情绪，即使屡次拜师也难以得到真传。唯有舍下面子，虚怀若谷，才能耐心聆听教诲，让自己更上一层楼，赢得更多尊重。

一天，阳子居西去徐州，恰巧在客栈碰到西去秦国的老子。阳子居自以为有学问，态度十分傲慢。老子叹了一口气，说道："以前我还认为你是个可以成大器的人，现在看来是朽木不可雕，孺子不可教了！"

阳子居听后，心里很不舒服，后悔自己当时的狂妄态度。他觉得自己应当放下面子，谦卑一些，敬重德高望重的老子。于是，他主动给老子拿梳洗用品，并脱下鞋子放在门外。然后，他膝行到老子面前，谦卑地说道："老师，请您指出我的过失。"

老子说："你回想一下，刚刚你的态度那么傲慢，表情那样狂妄。这样，将来谁敢和你相处呢？你应该懂得：最洁白的东西好像总有些污秽的感觉，德行最高尚的人总认为自己远不十全十美。学问虽了解了，在许多方面你是不行的。知道自己不行，你才知道自己真正行的地方；眼睛里只看到自己行，实际上，你哪个地方都不明白。"

阳子居满脸愧色，谦虚地说："谢谢您，老师。您的教导让我明白了做人的道理。"

最初，阳子居去徐州的路上，旅舍客人恭敬地迎送他。住店时，老板为他摆座位，送手巾，大家也给他让座。虽然大家对他毕恭毕敬，但彼此都不舒服。接受老子的教诲后，阳子居放下面子，态度随和。归途住店，客人都随意地和他交谈，他感觉非常舒服。

"山外青山楼外楼，强中自有强中手"，不要因自己身怀几分技艺就目空一切，否则只会犯下有眼不识泰山的错误，追悔莫及。舍得面子，虚怀若谷，就会得到更多的指点和教诲，从而不断进步，走向成功。

6.舍得面子，得到实在

面子有时是生活的最大障碍。

所谓面子，很多时候是指一个人的自尊心、虚荣心等，人皆有之。好面子，既是维护自身的自尊心，也是满足自己的虚荣心，这点无可厚非，但凡事有度，如果这种维护超越了限度，就极易演变为陷阱，令人深陷其中难以自控。

生活中，很多人就会经常掉进这种过度虚荣的陷阱，为了面子而自己给自己找罪受。最后招致别人的反感，甚至给自己造成了困扰。

出身平凡的张燕，嫁给了一个化工厂临时工，婚礼举办得很寒酸。因为丈夫的贫穷，张燕的父母甚至与她断绝了关系，这让自尊心极强的张燕发誓一定要把自己的面子给挣回来。

几年后，丈夫成了一名身价千万的地产商。丈夫有了出息，张燕觉得应该是挣回面子的时候了。她对丈夫说："咱们结婚的时候，婚礼办得太寒酸了，我一直在人面前抬不起头。你要是真想给我挣回面子，就给我补办一个风风光光的婚礼!"丈夫二话没说，一一答应。张燕随即就在一家豪华大酒店补办了一场隆重气派的婚礼。父母也终于放弃了成见，满面春风地出席了女儿的婚礼。

这些风光大大刺激了张燕的虚荣心，她要求当了房地产开发商老板的丈夫每盖一片楼，都要留下一套自住宅。短短四五年的时间，他们就拥有了十一套住宅。每次和朋友一起聚会时，张燕都慷慨地埋单，给服务员的小费一出手就是四五百。很快，张燕一掷千金的豪爽大方引得众人的惊羡，也为她自己赢得

了“富贵侠女”的“美誉”。

张燕越来越膨胀的虚荣心渐渐令丈夫感到反感，终于导致了他们婚姻的破裂。几乎是在一夜之间，张燕突然销声匿迹，她的豪宅和名车也都已易主。她就这样突然间一贫如洗。

为了面子弄得自己家破财空，实在不值。仔细想想，这样的虚荣有何用呢？只是自己给自己徒增烦恼罢了。满足虚荣之后，自己却食无米，穿无衣，住无所，行无鞋，困兽一般憋在角落里，何苦呢？其实，真正有钱的人未必如此大手大脚。

一个身价上亿的企业家，和朋友出去吃饭，他基本都是随便点几个菜，几杯清茶，他的衣着也很普通，并非大富大贵，但是干净利索；坐驾也不是什么豪车，连奔驰都不开。这么一个简洁朴素的人，却把偌大的公司经营得非常好，家庭也幸福美满。

这样的人在亿万财富面前依然能保持不被虚荣所累，其实就是舍得放下面子，舍得放下虚荣。这样的人活得更真实更自在。

人们之所以这样过度爱面子，根本原因还是在于怕别人瞧不起自己，内心总是惶恐不安。可是要知道，面子有时只是一张唬人的面具，为了这样一张毫无意义的面具而让自己痛苦，岂不很可悲。

因此，我们要学会舍得，摘下那些不必要的虚荣面具让自己活得更真实。那么，如何才能舍掉面子呢？

首先，形成正确的价值观和人生观。自我价值的实现不一定非要靠虚荣来满足，除了不脱离社会现实的需要，还必须把对自身价值的认识建立在社会责任感上，正确理解权力、地位、荣誉的内涵和人格自尊的真实意义，把自己的价值放置在更高更远的位置上。

其次，不盲目从众。虚荣心理可以说正是从众行为的消极作用所带来的恶化和扩展。比如，大家都吃喝讲排场，玩乐讲高档，住房讲宽敞，那些做不到这样的人就经常会受到鄙视和讥讽，为了免遭他人讥讽，有些人便不顾自己的客观实际，盲目跟随，最终弄得自己负债累累，这完全是一种自欺欺人的做法。从众行为既有积极的一面，也有消极的一面。好的我们可以跟随，不好的自然就要尽量避免。

最后，正确认识虚荣。虚荣心人皆有之，可一旦过了头就会造成危害。虚荣心过于强的人，在思想上极易养成自私、虚伪、欺诈等不良品质，甚至不惜弄虚作假。他们对自己的不足想方设法遮掩，不喜欢也不善于取长补短。不敢袒露自己的心扉，以致给自己带来沉重的心理负担。

法国哲学家帕格森说道：“一切恶行都围绕虚荣心而生，都不过是满足虚荣心的手段。”可见虚荣心对人们的影响之大。所以虚荣面前，记得提醒自己：面子固然要，但适当时候也要学会放弃！

7.舍得付出，让爱情更加刻骨

爱情需要用心浇灌，才能开出美丽的花朵。

舍得，舍得，就是在告诉人们，有舍才有得。工作如此，梦想如此，生活如此，爱情也不例外。每个人的生命中，都注定会有一段刻骨铭心的爱情，无论是主动的爱情，还是被动的爱情。维系这段爱情的法宝，就在于是否懂得付出。

舍得对爱情付出，就是要舍得用自己的爱心去呵护它、灌溉它。这样当你失去之时也不会后悔，因为你会发现：原来只要做到真心去爱他，舍得为他做任何事就行了！

美国第34任总统陆军五星上将艾森豪威尔的夫人，是一个称职的家庭主妇。她很乐意能做个成功的家庭主妇，而且一直很努力地做好这个“职务”。

虽然，洗全家人的脏衣服、擦地板、到银行办事、整理家务、帮孩子送画具等，实在是一些很让她厌烦的基本家务。但是，艾森豪威尔夫人却知道这些琐事对一个家庭来说是很重要的事情，如果这些小事没有做好，就会影响到其他家人的生活和情绪。

所以，当孩子的家庭作业忘记带了的时候，她会尽快地给他送过去，当她看到孩子看见她就像看见救星一样的时候，那一刻，她的心里有很大的满足感，是她让孩子免去了老师的责罚，有了轻松愉快的生活。

有时候，艾森豪威尔夫人也会很困惑。每次当丈夫从外面带回来许多重要消息的时候，她就觉得自己似乎跟社会脱了节，像个傻瓜一样只知道说“哦”，她曾想出去找一份工作，融入人群中，同时赚些外快来贴补家用，而不是每天待在家里伸手向丈夫要钱，总觉得自己每天只是周旋在厨房和餐厅之间，只是个花钱的机器似的。

面对这些困惑和外界的诱惑，艾森豪威尔夫人就会找许多理由让自己的心平静下来，她会告诉自己，家庭主妇也是很伟大的事业，把孩子照顾好，让他们快乐地成长，是家庭教育不可缺少的一部分，这样他们才会有健全的身心和人格，这个社会才会多很多有为的青年；善用丈夫的薪水来照料家务，多结交一些好朋友，每天早上都看着他吃完她为他准备的热腾腾的早餐之后再去上班，把家整理得无需丈夫再操心，就是在尽最大的能力，帮助他实现他的理想。

有了这些理由之后，艾森豪威尔夫人将家庭主妇的职责坚持了下来，并做得很出色，最终帮丈夫完成了他的理想，让他住进“世界上最大的房子”——

白宫，成为继格兰特总统之后第二位职业军人出身的总统。

想要拥有坚固的爱情，安稳的家庭，不管是哪一方，都要有勇气舍弃些什么，只有当一个人能够付出自我，牺牲了一些自己的追求，才能成全圆满的爱情，才能让爱情继续下去。

爱情路上注定多有磨难，比如你暗恋一个人很久却总是不能有进一步发展；你感到爱情正处于危机而你则无力挽回；也许你认为情况不会再有好转而有所懈怠、有所退缩。那么，在你那颗跳动的心火逐渐熄灭之时，你是否想过自己到底舍得为之付出多少真心呢？

爱情之所以为爱情，正因为双方有爱又有情，而它的前提是你舍得将自己的真心付出给对方！因为只有这样，你才会看到他的真心，才会拥有真正的爱情。有的人在爱情中总是处于被动，不舍得付出一丁点的真心，生怕得不偿失而只是一味地接受。这样吝于流露真心不去做一点努力，只会造成对方长期单方面的付出。长此以往，不管爱情之花曾经开得多么灿烂，总有一天也会走向枯萎。

真心是爱情的基石，但真心也是需要舍得付出的。当你的舍得与付出得到收获时，你会发现自己所做的一切都那么值得，特别是当得到对方肯定时，你一定很愿意为他再付出更多。我们常说的“爱情的力量是伟大的”，很多人为了爱情可以去改变自己，可以去容忍对方，这些力量正是相爱的双方舍得付出而表现出来的潜力。

总之，一个不舍得付出的人，也一定是没有什么爱的人。真正的幸福不是被爱，也不是等待更完美的爱，而是舍得把自己交出去，然后才能得到爱之花。